大人の旅はどこへでも行ける

50代からの大人ひとり旅

地曳いく子

Ikuko Jibiki

扶桑社

はじめに　～ラクで楽しい旅に出よう～

私の好きな言葉に「人生は旅、旅は人生」という言葉があります。
人はなぜ旅に出かけるのでしょうか？　人生とは旅をしているようなものなのでしょうか？

そこまで深く考えなくても「旅をする」って楽しいことですよね。私は慣れ親しんだ日常を離れ、新しい場所で新しい経験をすることで、普段のありがたさを感じたりします。違う環境に身を置くことにより新しい気持ちにもなれます。これからどうやって生きていこうか？と、気持ちをリセットするために、旅に出ているのだと思います。

先日見たテレビ番組では、同じことを繰り返す日常の脳の状態は、やや節電モードになっている（ルーティンワークが続いて脳がサボっている？）が、旅に出て新しい

はじめに

環境に身を置くことによって、いつもは使わない脳の部分までをフル稼働することができる、と紹介していました。つまり旅ってボケ防止になったりしちゃうのかと期待してしまいますよね。

旅をする人は、大きく分けて2つのタイプがあると思います。

①旅先でもなるべく普段通りに便利に過ごしたいし、旅のグッズも試したいから、荷物をいろいろと持っていっちゃう派
②旅は日常からの脱出なので、身軽に荷物は最小限、あえて不便を楽しむ派

どちらが良い悪いではないのですが、私の場合は後者です。

以前、もう何十年も前のことですが、雑誌撮影で海外ロケに月に何度も行っていた、夢のような時代がありました。私たちスタイリストは、モデルやタレントさんに着せる衣装を詰めたスーツケースを、ひとりで何個も持っていかなくてはなりません。そ

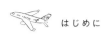

れだけで、飛行機に預ける荷物はすごい値段の超過料金に！（もちろん超過料金は経費で払っていただいていたのですが）

撮影後ホテルに帰ると、大量の衣装を毎晩夜中まで点検して、また翌日の撮影のためにアイロンがけなどの準備をしなければなりませんでした。自分のことなどかまっていられず、荷物を増やす気にもなれません。ロンドンやニューヨークに5泊くらいのロケに行く時も、私的な荷物は機内持ち込みのバッグひとつという感じでした。いつもカメラマンや編集スタッフが、私個人の荷物の少なさに驚いていたくらいです。

そこで学んだのが、海外だろうが少ない荷物で旅を楽しむワザ。例えば、洋服は厳選した少数のワンピースやストールで乗り切り、ブラやショーツも洗濯してもすぐ乾くレースやメッシュ素材のものにして数を絞る、というような旅のパッキング術を、知らず知らずの間に編み出したのです。

本書では、そんな実用的なワザも紹介していきたいと思います。

「コロナ後」の新しい旅

コロナ後、新しい旅の仕方が始まったような気がします。また私が20～30代の頃と比べても、旅の仕方がガラッと変わりました。

私、根がかなりズボラです。しかも面倒くさがり屋。でもそんな私が、旅に出かける理由は、**いつもと違う環境に身を置くことで簡単に日常をリセットできる**から。また、私たちが若い頃より簡単で身軽に旅ができるようになったのも、大人旅を楽しめている理由のひとつです。

まだ私が30代の時の話です。母が旅先の湯河原の温泉で倒れて病院に搬送されたと知らせを受けました。すぐに東京から電車に飛び乗り、母が運ばれた現地の病院に駆けつけました。発見と入院が早かったため一命を取り留めましたが、容体があまり良くなく、数週間はそのまま入院が必要と言われたのです。

その晩は湯河原に宿泊して母の様子を見守ることになりました。付き添いの私はその病院には泊まれなかったため宿を探すことに。電話帳で調べて（当時はスマホも携帯もない時代です）何軒も探しましたが、予約なし、しかも30代の女性ひとりを泊めてくれる宿は見つかりません。幸い入院先のスタッフが保証人となってくださり、知り合いの宿を紹介してくれて、なんとか宿泊することができました。

スマホのアプリで今夜の宿さえ簡単に予約できるようになった今では、考えられない話ですよね。もしも、女ひとりではなく、弟や父など男性だったら当時でも宿は容易に見つかったことでしょう。今の時代だったら考えられないことが30年前には起こっていたのです。まるで明治時代の話を聞いているようでしょう？

時代は変わり、今は女性ひとりで旅をするのも容易な時代になりました。本当によかったですよね！

何かを得るだけでなく、捨てに行く

旅に出たからには、経験やおみやげなど（笑）、何かを得て帰るものだと思っていませんか？　でも実は、旅は何かを捨てるのにも役に立つのです。

両手いっぱいに荷物を持っていたら、新しく何かを見つけてもそれ以上持てません。**旅に出ることで、今まで生きてきて溜め込んだいらないものや考え方を捨てるきっかけになると思います。捨てることで得られる何かがあります。**

荷物の問題だけではありません。日常で当たり前のように繰り返してきた習慣まで、「あれっ、これもしかしてなくても（またはやらなくても）生きていける？」と気づかせてくれるのが「旅での経験」だと思います。

すべてのことは一期一会

本書では、気軽に出かけるひとり旅の楽しさを中心に語っていきたいと思います。もちろん、家族や気の合った友人と出かける旅は楽しいものです。でも、人生を半分過ぎてみると、友人と予定が合わなくて諦めた、名古屋南座の玉三郎丈の特別公演や、長岡の花火大会など、後々「ああ、やっぱりひとりでも行っておけばよかった」と後悔することが度々出てくるようになりました。

若い頃は、また次があると思えたのですが、もう人生を折り返してしまったからでしょうか？ **旅だけに限らず、「すべてのことは一期一会」**と考えるようになりました。チャンスを逃してはいけない、と。

予定を急に変えても誰に気兼ねすることもないのもひとり旅の良さです。疲れたら予定を変更するのも自由です。誰にも合わせないで気ままに旅をする、予定は未定だから旅は楽しいのです。

「自分の知っている常識が常識じゃない！」を知るのも旅の楽しさ、ですよね。

ちょっと面白いお話をひとつ。知り合いのお母さんは旅があまり好きではないそうです。なぜならどのスイートルームに泊まっても、自分の家の部屋より狭いから。まあ、これは極端な話ですが、彼女は旅に出ていつもと違う小さな部屋（スイートルーム！）で過ごすことにより、非日常を体験しているのですね。

第3章 ホテルと飛行機

第6章　おみやげ　127

第7章　マナーと豆知識　139

※本書に書かれている情報は、2023年10月時点のものです

第1章

大人旅の心得

無理しないのが大人旅の基本

大人旅とは「無理しない」＝「気軽」に行くこと。50歳を過ぎて痛感した、大人の旅で一番大事なことです。欲張りすぎずに心と時間に隙間を作れば、思わぬ楽しい出会いがあるものです。

疲れたら予定を飛ばしてもOK。何しろ旅の主役はあなたですから。

修学旅行や町内会の旅行のように、旅のしおりのスケジュールに従って全部こなさなくていいのです。疲れない、無理しないが一番。素晴らしい日本庭園も、二度と来ることがないかもしれない海外の美術館も、疲れた体で見ては感動も半減します。

疲れてきたら旅の目的を思い出し、「自分は一番何を見たいか、どこに行きたいか」と優先度をはっきりさせます。**その一番の目的のためには、前日や当日でも、プライ**

オリティが低い予定をスキップする勇気を持つことをおすすめします。

一番重要な目的にフォーカスして、体力・気力・財力をそこに注ぎ込む、これが大人旅の最大のポイントです。

ギッチリ詰め込んだ分刻みのスケジュールは危険です。1日に1～2回、1時間くらい、お茶をする時間を作っていた方が優雅に動けます。

近頃は、この日本でさえバスや電車が遅れることがあります。もし、ギチギチのスケジュールを組んでいて、バスや電車が10分遅れてしまったら、後の予定がドミノ倒しに狂うことに。スケジュールに余裕があると安心ですし、ちょっと回り道をしてみた通りでお祭りや思わぬ景色、地元の方しか行かないような素敵なカフェに出会えるかもしれません。

不安な時ほど荷物は増える

これは私だけかもしれませんが、連日の仕事続きで疲れていたり、精神的に不安だったりする時ほど旅の荷物が多くなります。心配だから必要なものだけに絞り込めなくなり、あれもこれも「もしかしたら使うかもしれない」と、どんどん荷物が増えていくのです。

そして肝心なもの、例えばスマホ充電器や携帯用バッテリー、コンタクトレンズケースなどを忘れてしまうのです。

ここで告白しますが、以前台湾に仕事で行った時に、現金やクレジットカードが入ったお財布を家に忘れてしまったことがありました。羽田空港で気がついたのですが、搭乗時間が迫っており、家に取りに帰る時間はありません。

幸いパスポートケースに入っていた旅行用のクレジットカード（キャッシング機能付き）と現金２００米ドルがありました。空港からホテルの移動はスマホのＵｂｅｒアプリなどを駆使して乗り切りました。

その時はギリギリまで他の仕事をしていたため、パッキングの判断力が鈍り、荷物がいつもより多かったのです。で、荷物は多いのにお財布なし！　もう笑えますよね。荷物が少なかったら、お財布を入れ忘れたことに気がついていたかもしれません。

それからは、荷物が多くなりそうな時でも、「旅は非日常を求めていく」ということを思い出して、荷物を減らすことにしました、お財布とパスポート以外は（笑）。普段自宅で物に囲まれて便利に暮らしている日々と違って、**旅の間は限られた荷物で暮らす。そうすると何が本当に自分に必要なものかが見えてきます。**

服だってそうです。数を減らして持っていくと、その中で工夫をして、普段は考えられないような素敵な組み合わせを発見することがあります。

他にも、荷物を減らすといいことがあります。**チェックアウトの時に、パッキング時間がすごく短くなる**ということです。

私は国内旅行2〜3泊の場合、大きめトートバッグの中に大小4つのポーチを入れて出かけています。下着靴下ポーチ、洗面用具ポーチ、コスメポーチ、スマホPC周りポーチというように、ポーチごとに入れるものを決めてあるのです。

このパッキング術にしてからはチェックアウト前、10分でパッキング終了です。焦らなくて済みますし、余った時間でコーヒーを飲んだりゆっくり朝ごはんを食べたりすることもできますね。

荷物を減らせれば旅の時間は増えます。時間を有効に使いましょう。

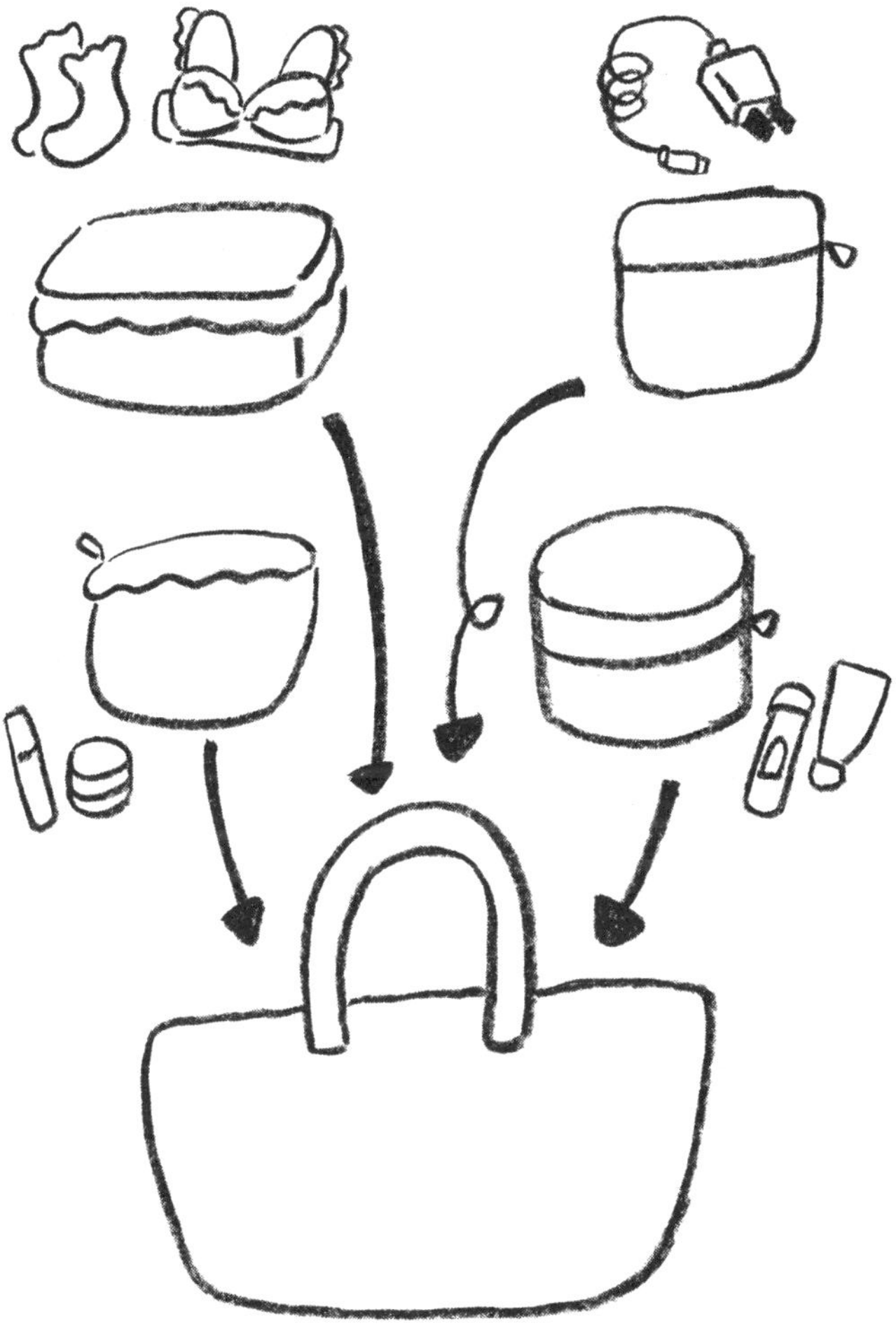

コインロッカー代、宅配便代は必要経費と心得よ

何かと節約するのは大切ですが、大人がケチっていけないと思うのが、コインロッカー代と宅配便代です。

ホテルをチェックアウトして目的地に行く場合、そのままホテルに荷物を預けるのも手ですが、その日最初の目的地の美術館などが、その後の移動に利用する駅との間にあった場合などには、私は迷わず美術館のコインロッカーを利用します。

美術館のコインロッカーは無料のところも多いですし、日本では百円硬貨を入れて使用後に返還されるシステムをよく見ます。「基本、美術鑑賞は手ぶら」主義の私です。

美術館以外でもコインロッカーを賢く利用すると、とても快適です。旅の途中に神社を参拝したい時も、最寄り駅のコインロッカーに荷物を預けて手ぶらで行動します。

そうすると疲れ方が全然違います。たとえ大きめトートバッグ1つでも、ずっと肩にさげて歩くと地味に疲れが溜まります。

コインロッカー代４００円をケチって、果てしなく続く（あくまでも私の感想です）神社やお寺の階段を上る気にはなれませんし、心と体力に余裕を持ってお参りするのが好きだからかもしれません。

また、帰宅の時に、宅配便もよく利用します。日本のホテルでしたら、フロントにお願いするとパッキング用の段ボール箱（無料だったり有料だったりしますが）を用意してくれることが多いです。チェックアウトの前の晩にお願いしておくといいでしょう。伝票も前もってもらっておけば余裕をもって記入できますし、チェックアウト時に焦らなくて済みます。

飛行機を利用する時は空港から送ることもよくあります。国内線の場合、チェックインして預けた荷物を到着地空港で受け取ることなく、そのまま宅配便で自宅まで送ってくれるサービスがありましたので、各航空会社の公式サイトをチェックしてみてください。

国際線を利用した場合でも、成田や羽田の空港出口付近にある宅配便窓口からスーツケースを送ってしまいます。たいてい翌日の午前中に自宅に着きます。**帰りに手ぶらだと本当に疲れが違います。**宅配便代は、大きさにもよりますが、2000円くらいで送れると思います。ぜひ一度試してくださいね。

荷造りの注意点。小さくなっても重さは変わらない！

荷物の少ない旅をするために便利なのが、Amazonや楽天市場などで販売している、旅行用ポーチ、「YAOTE超便利旅行圧縮バッグ」です。

これは、サイドにぐるりとついたファスナーを閉めるだけで、2つある収納をひとつにぎゅっと圧縮することができるポーチで、衣類のボリュームを3分の2以下にしてくれる優れもの。収納スペースが2つに分かれているため、例えば片側に綺麗な衣類、もう片側に着用済みの衣類を入れるなどの使い方も可能です。

これ以外でも、「旅 ポーチ 圧縮」で検索すると、大体2000～3000円くらいでたくさんの種類が出てきます。

ただし荷物のカサが小さくなってもその重さは変わりません。荷物を入れるスペースが増えたからといって、その分余計なものを詰め込むと重量オーバーに。ご注意を！（笑）

「疲れたら迷わずタクシー」が合言葉

国内外問わず、疲れたらタクシーです。日本はまだ治安が良いですが、海外では疲れた顔でスマホを睨みフラフラしているあなたを狙っている人がいます。

彼らは、普通の観光客の格好をして人気観光名所にいます。そして疲れて見える旅行者をずっとつけていて、隙を狙い、あっという間に荷物やスマホをひったくるのです。彼らは「泥棒という職業」で生きているのですから、疲れた旅行者を見つけるのはお手のものです。

以前と違って海外でもＵｂｅｒなどスマホアプリで簡単にタクシーを呼べますし、行き先も登録できます。デジタル決済ですがチップをお忘れなく。決済する時にチップの項目がある場合はそこにチップ（お心づけ）を足しましょう。

余談ですが、ロンドンをひとりで旅していた時、チェックインしてすぐに近辺を散歩し、いざホテルに帰る途中でｉＰｈｏｎｅがバッテリー切れになってしまったことがありました。運悪く充電器も部屋に置き忘れていて、ホテルへの帰り道がわからなくなってしまったのです。

そこに通りかかったのがタクシー。さっと手を上げて乗り込みホテルの名前を告げると、ドライバーに「えっ、そのホテルすぐ近くだよ、歩いていけば？」と言われましたが「ｉＰｈｏｎｅが充電切れで迷ってホテルの場所がわからない」（ちなみに「My iPhone is dead, I'm lost.　マイ　アイフォン　イズ　デッド、アイム　ロスト」で通じました。笑）と返すと、「ああ、たまにいるんだよね、そういうツーリスト。次回からは地図も持ち歩くことだね」と一言。

ｉＰｈｏｎｅに頼りすぎて迷子。タクシーに救われた私でした。

たとえ旅の記念にと考えていた素敵なお皿を1枚我慢することになっても、タクシーを使ってください。

チップは堂々と、笑顔で握手しながら

これは海外のホテルに限りますが、安い宿ほどチップ枕銭を置いたほうが安心です。チップを置く習慣のある国では、ホテルの清掃スタッフの方のお給料はチップがもらえるものとして低めに設定されているところもあるようです。何日もチップを置かないと、本当はあってはならないことかもしれませんが、タオルが替えられていないなど、清掃スタッフから小さな反抗意思を伝えられた友人もいます。

また、チップは原則お札で。**一番やってはいけないのが使い損ねた現地の硬貨をジャラジャラ山盛り置くこと**。これは「あなたのサービスは最低でした」という意思表示になると聞いたことがあります。同じお金だからなんでもいいじゃないと思うかもしれませんが、失礼に当たるので気をつけましょう。目安は一晩2ドルくらいです。

もし硬貨が溜まってしまったら、空港などに設置されているユニセフなどの募金箱に全部入れてしまいましょう。お財布で邪魔物だった小銭が誰かの役に立つかもしれないなんて、考えただけでも素敵なことではありませんか?

困った時の米ドル小額紙幣

チップの金額って決めるのが難しいですよね。私は、現地のランチ代くらいを心づけとして渡すようにしています。

リゾート地に宿泊する際、プールサイドのパラソル付きの席やカバナ、川沿いにある朝食レストランの涼しい席など、何日か使いたいお気に入りの席は、最初の担当スタッフかチーフ的な人に10～20ドルくらいチップを渡し「あと2日滞在するのだけれど、この席が好きだからお願い」と言っておくと、毎朝早起きしなくても素敵な席をキープしてもらえることがあります。

レストランでなんだかイマイチな席に案内された時は、「私この席嫌いなの」と言いながらやはり10～20ドルくらい渡すと、素敵な席に替えてもらえることも。

チップを渡す時のスマートなコツ。手のひらにチップを握りながら握手をするように渡すと良い感じです。もちろん笑顔で「サンキュー」と言いながらね！

両替した時に大きなお札しか渡されず、チップに使える紙幣がない……そんな時のために、私は1ドル札や5ドル札を何枚かパスポートケースに入れています。何しろ、**世界中どこに行っても米ドルは最強**。観光地なら少額の米ドル札でも両替できます。

困った時の米ドル小額紙幣です。

国内のラグジュアリーな老舗旅館に泊まる時も、私はお心づけ（チップ）を担当の仲居さんに渡します。金額は大体1000〜2000円くらい。サービス料は宿泊代に含まれているのですが、母が「気は心」と言いながら仲居さんにポチ袋を渡していたのを思い出して、そんな習慣を引き継いでいます。チップを入れるポチ袋は鳩居堂などで気に入ったものを見つけた時に買っておきます。

ちなみに、ポチ袋の名前の由来は「これっぽっちですが」の〝ぽち〟からきているという説も。これっぽっちでも気は心ですね。もちろんポチ袋は海外でも、滞在中お世話になったコンシェルジュやスタッフにチップを渡す時にも使えます。和柄の小さい綺麗な袋はかなり喜ばれますよ。

Column 1

旅先の美術館で「年間パス」を買ってみる

美術好きな私は、美術館に行くことを旅の目的にすることが多いです。

ロンドンのV&A美術館に行った時のことです。お目当てのディオール展のチケットは、Web発売分はすでに売れ切れていたので、当日券を求めて朝９時くらいから並ぶことにしました。

すでに長い列ができていて嫌な予感がしたのですが、案の定私の５人前くらいで当日券もソールドアウト。列に並んでいた私とマダムたちが唖然としていると、係員が「美術館の年間メンバーになれば、予約が必要な特別展も予約なしで何回でも、どの展覧会も見られますよ」と教えてくれました。

「え〜」と顔を見合わせる私たち。80ポンド、当時で約１万１０００円くらいでした。常設展はもともと無料なので、特別展示の時だけ威力を発揮するこの年間パスポート、マダムたちは皆さん次々と入会申し込み用紙をもらっていました。ロンドン在住ではない私は一瞬ためらいましたが、高い飛行機代やホテル代を払ってきたのに見逃すのは悔しすぎる！と年間メンバーになり、無事に鑑賞することができました。

その後にまた日本でも見ることになったディオール展ですが、Ｖ＆Ａ美術館の展示はただただ圧倒される素晴らしさでした。年間メンバーの特典としてギフトショップのメンバー割引や、メンバー専用のサロンが利用できるなどの特典がありました。ランチどきに長い列に並んで一般用カフェに入らなくても良いのです。最上階にある年間メンバー専用サロンで優雅に紅茶をいただける貴族気分が味わえます。そう思うと、１万円ちょっと出しても元は取れた気になりますね。

もちろん滞在中、やっぱりもう一度特別展を見たいかも！と思ったら、朝でも夕方でも好きな時間にもう一度並ばずに入ることができますよ。年間パスを思い切って買う、これも大人旅の楽しみ方のひとつです。

第2章
ファッションと美容

旅ファッションの掟

飛行機でも列車でも、長距離移動の時のファッションは楽が一番です。飛行機から降りてすぐにそのまま仕事の打ち合わせがある時などは、ある程度ちゃんとした格好をしますが、それでも、**基本は「体が楽な服」**です。

長い時間同じ姿勢で座っているのですから、ゴムのウエスト（これが重要）のパンツやスカートやワンピースなど、体を締め付けないスタイルが最適です。

冷房対策として、半袖や長袖など肩を丸出しにしない服であること。ノースリーブの服の場合は、上に羽織るカーディガンやパーカーなどがあるといいと思います。それも軽くてシワになりにくいものがおすすめ。さらにＵＶカット加工がしてあるものでしたら旅先でも活躍しますよね。長時間同じ姿勢のまま着ているものなので、肌触りの良い生地のものを選びましょう。

冷房に強い私。飛行機に乗った直後は「平気、涼しくていいわ」とノースリーブワンピース1枚でイキがっていたのに、2時間3時間と時間が経つにつれ、肩から首、そして体全体が冷え切ってしまったことがありました。

そんな体験から長時間の移動には袖付きの服か、カーディガンなどいわゆる「羽織りもの」を持参します。薄手のスカーフ1枚でもかなり違いますよね。

また、サンダルでも革靴でもスニーカーでも基本素足派の私ですが、移動の際はかさばらない緩めの靴下も持っていきます。足首が冷えるとむくんで脚が太くなってしまいますからね。靴下を履いて、たまに足首をぐるぐる回すとむくみ対策もバッチリです。

通路側の席を選んでまめにトイレに行くこともおすすめします。長時間座ったままですと、血液のめぐりが悪くなりますから。

着飾りたい時は大ぶりアクセサリー

荷物が少ない私でも、旅行中に着飾りたい時はあります！（笑） そんな時に活躍するのが大ぶりアクセサリーです。

ピアスやネックレス、ブレスレットなど何かひとつ、大ぶりで軽く、インパクトのあるものを持っていくと、シンプルなワンピースやトップスに足しただけでかなり気分が変わります。ジャラジャラつけてもいいのですが、私はインパクトアクセサリー一点勝負でいきます。

あまり旅先で物を買わなくなっている私ですが、アクセサリーだけは別。思わず道端のお店とかホテルのギフトショップで、ちょっと個性的なものを買ってしまいます。

ポイントはその場ですぐに身につけたいものを選ぶこと。そうして手に入れてきたアクセサリー、アリゾナ・セドナでのロケで買ったターコイズのカフバングル（ブレスレット）や、ハワイのタートルベイのホテルギフトショップで買ったピアス、タヒチロケの途中で買った黒のバロックパールのネックレスなど、旅行中はもちろん、今でもヘビロテしているものが多数あります。

アクセサリーは重くないしかさばらないので、持っていくにしても、現地で買うにしても、荷物も増えませんしね。

持っておくと安心・三種の神器

持っておくと安心な旅のファッションアイテム三種の神器、それは

・ワンピース
・フラットシューズ
・2種類のストール

です。

まず声を大にして言います。**ワンピース最強です。**
何しろコーディネートを考えなくていい。特に海外旅行の初日、時差ぼけで回らない頭でいろいろとコーディネートを考えるのって面倒くさくないですか？　それを解決するのがワンピースを基本にしたコーディネートです。

中に着る下着や、外にプラスするカーディガンやジャケットなどの羽織りもの、ストールで温度調整できますし、なんといっても基本の上下の組み合わせができているのですから、その先のコーディネートは簡単です。

着飾りたい時にもワンピースは大活躍。前述のように、おしゃれしたい時はワンピースに大ぶりピアスやブレスをすればオペラにだって行けちゃいます。

某大物歌手の仕事でウィーンロケに行った時、コーディネーターの方に誘われて急にオペラを見ることに。仕事なのでいつものように私物は機内持ち込みだけの少ない荷物の旅でしたが、黒のジャージー素材の長めワンピースを持っていました。その黒のワンピースが大活躍、アクセサリーをつけてスカーフを巻いたら、オペラ観劇用コーディネートが完成。堂々とオペラハウスに行くことができました。

お手入れも簡単でシワになりにくいジャージー素材ワンピースは、季節を問わずおすすめです。国内外問わず、朝ごはんを食べに行く時や、朝ちょっと散歩に行く時などにも便利。特にホテル内のレストランでの朝食や近所のカフェなら、寝起きにワンピースをパッと着てメガネのままでも行けます。

前日に水をスプレーしてハンガーに半日吊っておけばシワが伸びます。**小さな空のスプレーボトルを旅先に持って行くと本当に便利です。**夜、シワになった服をハンガーに掛けて水スプレーすると、大概のシワは翌朝までに伸びています。小さいスプレーボトルは無印良品や百均で購入できます。

ワンピースに合わせて活躍する靴はフラットシューズ、またはビルケンシュトックのアリゾナモデルなどのフラットなサンダルです。

海外では高級ホテル以外ではスリッパが備え付けられていない場合が多いですが、フラットな靴が1足あればスリッパ代わりの室内履きになります。ホテルご近所のカフェにもそのままふらっと出られます。かさばらないもの、フラットなもの、たとえビーサンでもいいので1足持っていくと便利です。

ストールは、薄手カシミアやシルクコットンなど、かさばらないものを2枚持っていきます。1枚は、グレー、ベージュ、黒など無地のものを、もう1枚は綺麗な色か柄物を。

無地のものは小さく畳んで機内持ち込みして防寒対策に。綺麗な色や柄物はシンプルなワンピースやトップスやコートの上に1枚足すだけで、ガラッとイメージチェンジできますし、気分も変わります。

薄手カシミアストールは、以前は高価なものしかありませんでしたが、今ではユニクロでも毎シーズンお手頃な値段で発売しているようです。中でもユニクロがイネス・ド・ラ・フレサンジュとコラボで出すものはシックでちょっとだけ凝ったラインが入っていたりしていて、毎シーズン発売と同時に売り切れてしまうので、必ずチェックするようにしています。

色柄物は、以前はラグジュアリーブランドの「ファリエロ サルティ」などで買っていましたが、今ではもう少しカジュアルなブランド「ａｌｔｅａ」などでいいものを見つけて手に入れています。

靴は2足で十分。多くても3足

旅の靴は、履いていく靴プラス1足の合計2足で十分だと思います。例えば、NIKEのスニーカーとフラットシューズという組み合わせなどです。

近頃はもう、毎日別の靴に履き替えることはしませんよね？　時代は変わったのです。もちろん旅の目的がトレッキングとか、すごくおしゃれをしてオペラ座にバレエを見に行くとかでしたら話は別ですが、その場合は履いていく靴プラス2足（フラットシューズと目的のためのトレッキングシューズやおしゃれな靴）ですね。

ひとり旅の特徴として、写真は主に風景かセルフィー！　自撮りですよね。足元なんて写りませんし、観光地で「写真を撮ってあげますよ」と言われても要注意。スマホを渡した途端に素早く持ち逃げされてしまうこともありますからね。

また、旅先でブーツなどかさばる靴を買う時、私はそれまで履いてきた靴をその場で処分します。靴を増やして帰らない主義です。

下着は現地で洗濯する

2〜3泊の国内や近場アジアの旅行ではそんなに問題になりませんが、長期旅行で気になるのが現地での洗濯。

例えばイギリス縦断10日間の旅ともなれば滞在中、下着やタイツくらいは洗濯するようにしないと荷物がどんどん大きくなりますよね。

インディーズのバンドの追っかけをしていた頃、実際にイギリスの南のブライトンからロンドン、バーミンガム、ヨーク、北のスコットランドまで、冬のイギリスを南から北まで縦断するひとり旅をしたことがあります。そんな時でも荷物は機内に持ち込める大きさのバックパックひとつでした。

その時選んだ下着は、着ていったブラとショーツ、半袖のヒートテックの他に、レースのブラ2枚、レースまたはメッシュのショーツ4枚と長袖のヒートテック1枚だけでした。

レースもヒートテックも、洗濯しても乾きやすい素材です。ホテルにチェックインするとすぐにシャワーを浴びて、その際にボディソープやシャンプーで汚れた下着を洗濯し、軽く絞ったら、体を拭いたバスタオルでクルクル巻いて上から押して脱水し、部屋に干します。

下着やタイツ、ヒートテックぐらいでしたら、洗濯洗剤ではなく、ホテル備え付けのボディソープやシャンプーで十分。少なめの量を使い、よくすすぐのがポイントです。ライブや食事に出かける前に洗って部屋に干しておけば、大概翌日には乾いて、洗濯したてのフレッシュな下着を着られるというわけです。

ハワイのホテルのコインランドリーを利用するときなどは、洗濯洗剤を日本から持って行かなくても、ランドリーやフロントで現地調達することができます。コインランドリーに設置された洗剤の自動販売機がクォーターコイン（25セントコイン）しか使えない場合はフロントで両替してもらえます。

洗濯物を干すには、**無印良品や百均などで売っている軽い折り畳み式のハンガーを持っていくと便利**です。旅専用のものは買わない主義の私ですが、これだけは持っていきます。ホテルに備え付けの木製ハンガーより速く乾きます。

もし翌朝までに乾いていなくてもご安心を。部屋に備え付けのヘアドライヤーで乾かしてしまいます。ヘアドライヤーは髪を乾かすだけのものではありません。あなたのレースの下着もドライしてくれます(笑)。特に布地がレイヤーしているクラッチ(股の部分)が乾いていない時にその力を発揮してくれます。

ポイントは下着の素材。ユニクロのエアリズムやレースのショーツ、BVDなどの通販で手に入るメッシュやレース素材のショーツやブラを選びましょう。

シャンプーは備え付けでいい理由

コスメ類も減らしてみれば、案外少ない荷物で旅はできます。

私は、シャンプーやボディソープなどはホテルの備え付けのアメニティで済ませるようにしています。ただ、いつも使っているヘアクリームにもなるトリートメント（私が愛用しているのは美容室のＴｗｉｇｇｙ．のヘアケアブランド「ＹＵＭＥＤＲＥＡＭＩＮＧ」のＥＰＩＣＵＲＥＡＮトリートメントリッチ）を、携帯用の容器に詰め替えて持っていきます。シャンプー後にとにかくこれさえつけておけばなんとかなるからです。皆さんも普段使いのトリートメントやヘアオイルを小分けにして旅に持っていってはいかがでしょうか？

日本からいいシャンプーを持っていっても、海外の水道水は硬水だから、いつも愛用している素敵なシャンプーもうまく泡立たないかもしれませんしね（笑）。

日焼け止めだけは日本から持参を

基礎化粧品は、1〜2泊の短い旅行には無印良品で売っている、小さなボトルか一回分パッケージのものを持参。長い旅行の時は普段使いのものを小分けして持っていきます。それもいろいろと持っていかず、化粧水とクリームくらいです。

ただし、日焼け止めだけ小ぶりのフルサイズをそのまま持っていきます。旅で訪れる場所やシーズンによっても違うかもしれませんが、以前より日差しが強く感じるので、SPF50の日本製日焼け止めを買って必ず持参。

以前は旅先で買っていたのですが、ボトルのサイズが大きいものが多いので帰りに荷物になりますし、今は円が弱く海外で買うとかなり割高に感じます。それになんといっても近頃の日本コスメの優秀さです。Amazonなどで探すと、機内持ち込み

ＯＫの40㎖くらいの小さいサイズも見つけられます。

以前は、日焼けが大好きな（バブル時代の古い人間か？）私でしたが、**日に焼けると肌が炎症を起こしてシミの元になるばかりではなく、体力も消耗する**ことを実感するお年頃になってからは、日焼け止めの重要性に気がつきました。ウォータープルーフなのに石鹸で落ちる優れものもありますのでぜひ。

ハワイや沖縄など日差しが強いところに旅行する時は機内持ち込みの手荷物に入れて、現地に着く前、飛行機の着陸準備のアナウンスがかかる頃に日焼け止めを塗るように心がけています。忘れがちなのが首の後ろとサンダルを履いた時に露出する足の甲と指！　お忘れなくね。

もし洗顔料を荷物に入れ忘れても、1週間くらいの旅行ならホテルのアメニティの石鹸やボディソープをよく泡だてて洗い、帰宅してからのお手入れを入念にして、パックなどすればリカバリーできます。

ポイントはヘアーと同じように普段使いの中で一番リッチなクリームかオイルを持っていくことです。それで大概なんとかなります。「落としたら補え！油」です。大体、旅行中はホテルの部屋に帰ってくるとクタクタに疲れてお肌のお手入れを忘れがちです。日常と違う体験をしに行くのですから、肌のお手入れも普段と同じことをする必要はないように思われます。簡単で効果の高いものを1、2点に絞って持っていきましょう。

ただし旅の目的が、スパやエステ、温泉などリラクゼーションや美容なら話は別です。アロマやパック、ボディクリームなど、普段は時間をかけられない美容グッズを持っていきます。温泉やスパに行く時おすすめなのが、足の踵などの角質を削る専用の道具。温泉やジャグジーで柔らかくなった角質は面白いほど取ることができます。また、肌も柔らかくなっているので、アロマ系のボディオイルも持っていき、思いっきり肌に吸収させます。温泉やジャグジーに浸かりながらカッサでフェイスラインのむくみを取るのも至福の時間ですね。

このように、旅の目的別に持っていくコスメは変わります。どちらもポイントは、いつもよりやるかやらないか。両極端な非日常を楽しむということですね。

アメニティは帰宅週に使い切る

ちなみに、ちょっとラグジュアリーなホテルに泊まった時、持って帰りたくなるホテルの高級アメニティ問題ですが、もちろん私は「使いかけを持ち帰る派」です。ただしその場合、帰宅してすぐ自宅のお風呂やジムで使い切ってしまいます。**アメニティは腐らないからと、旅の思い出としてとっておくといつの間にかたくさん溜まってしまい、品質が劣化してしまいます。**

先日、洗面台の引き出しで十数年前に旅行に行ったイタリアのラグジュアリーホテルから持ち帰った高級ソープを発見しましたが、なんと乾燥して泡が立たない！　かわいそうにラグジュアリーなソープは我が家の洗面台の引き出しでミイラ化してしまっていました。

コスメにも消費期限があります。同じように、旅用に小分けして詰め替えたコスメも帰宅したらどんどん使ってしまいましょう。

コスメ以外に私が旅用のコスメポーチに必ず入れておくものがあります。それは**胃腸薬と頭痛薬、それに絆創膏**です。

慣れない旅先で薬局を探すのは大変ですし、薬局の開いている時間が短いことも。頭痛を抱えて繁華街にある24時間オープンのドラッグストアをさまようことはかなりの苦行です。高級ホテルなら頭痛薬と絆創膏くらいは分けてくれたりしますが、たいてい頭痛や腹痛などの厄介ごとは夜中や早朝に襲ってきます。

薬に関しては、「備えあれば憂いなし」。お守りを持っていくつもりで普段服用しているものを持っていきます。それでも回復しない時はお医者さんを頼ってくださいね。
また、必要な方は生理用ナプキンもお忘れなく。

《おまけ》

荷物を減らしましょうと言いながら、歩き回る旅の時に私が必ず持っていくのがサロンパス！　疲れた時に足の裏に貼って寝ると、翌朝かなり足が軽くなる気がします。もちろん、ふくらはぎや肩に貼ってもいいですしね。

近頃は、箱なしのジップ付き袋タイプも売られているみたいなので、それをおすすめします。

第3章

ホテルと飛行機

ホテル選び基本のき

旅先で、どこへ行き何をするか。それは旅するあなたのやってみたかったことや、憧れの場所など、その旅で訪れる目的の場所で決まります。私の場合、美術と音楽が好きですから、美術館やライブハウス、コンサートなどは必ず行きます。あとは公園(笑)。国内旅行の場合は古城、お城にも立ち寄ります。

ホテルは、その目的地の近く、またはバスや地下鉄を使うにしてもなるべく乗り換えがなく簡単にアクセスできる場所から選びます。候補が数か所ある場合は、朝早くから開いていて、より目的地に近いホテルにすることが多いです。移動に使う時間を節約できますからね。

というわけで、**ホテル選びの基本はその旅の目的地に近い、動くのに便利なところ。**

いくら安いホテルでも目的地から離れていては時間とお金の無駄です。それは国内外を問わず同じです。

いろいろなホテル予約サイトがありますが、私は海外旅行の場合、エクスペディアかbooking.comでホテル予約を取ります。その際、ホテルの写真を見るだけではなく、目的地に近いか、移動する場合もあるので最寄りの駅はどこか、朝ごはん付きかなしか（旅程にもよりますが、私はホテルでいただく朝ごはんが結構好きなので）、シャワーやトイレが部屋についているかなどチェックします。コメント欄のチェックも怠りません。

また、料金に手数料や税金が込みなのか別なのかも、チェックするときの重要事項です。表示価格が「あっ、これ安いじゃないの」と思っても税金が含まれていない料金で、後で支払いの時に悔しい思いをしたことがありました。ご注意ください。

これは飛行機のチケットを取る時にも注意したいことです。格安のチケットは燃油サーチャージが別にかかったり、預ける荷物にも追加料金がかかったりする場合が多く、大手の航空会社の公式サイトの早割で取った方が結局安かった！なんてこともあります。

信じられないかもしれませんが、海外の場合、あまり安いホテルに泊まると、ドミトリーでもない**普通のホテルだと思っていたのに、部屋にシャワーがなく、トイレだけ、シャワーと洗面所が隣の部屋と共同**ということがあります。

ニューヨークの安宿に泊まった時のこと。チェックインするまで気がつかなかったのですが、シャワーが隣の部屋との間にあり、両方の部屋から入れて普段は自分の部屋側のドアから鍵をかけておき、シャワーを使う時は相手側のドアの内側をロックするという驚きのシステムだったのです。予約サイトの写真で見たシャワールームは、隣の部屋とシェアするシステムだったのですね。

あー騙されたというか、細かい説明を読まずに安いからいいやと予約した私がいけなかったのです。知らないうちに、隣の部屋にステイしていたアラブ人のおじ様とシャワールームをシェアするハメになりました。

ロンドンでもあります。普通のホテルの部屋を取ったつもりが、ついていたのは洗面所にあるトイレのみで、シャワーはその階の他の滞在者との共用でした。これも油断してちゃんと予約ページの説明を読まなかった私が悪いのです。

海外、特にヨーロッパでは、バスタブのついている部屋が少ないだけでなく、ホテル代を節約するとこんな驚きの経験もできます（笑）。まあ、ドミトリーに泊まったか寮生活でも経験したと思えば良い経験をしたと思えますし、楽しい思い出になったりしますよね。

この経験は後々、インバウンドの方々の大量来日で日本の観光地のホテル代が急騰し、仕方なく泊まったドミトリータイプの宿が共同シャワーだった時に役立つことになりました。

今は、ドミトリータイプ（以前で言うところのカプセルホテル）の宿も、「ナインアワーズ」をはじめ、清潔で快適、モダンなインテリアのところが増えました。京都のナインアワーズに滞在した時、インバウンドの方が多かったのですが、昔のヒッピータイプのバックパッカーではなく、履いているスニーカーもＮＩＫＥやアディダスの最新モデル。たまたま聞いてしまった会話では、夜に1万～2万円以上するような有名老舗料亭を予約していて楽しみにしていると言っていました。

今やお金がないからドミトリーではなく、強弱をつけて賢くお金を使うためにドミトリーに泊まる時代になったのかもしれません。

ドミトリーを選ぶ時は、木製2段ベッドが並び、変なカーテンのみで仕切られたようなところは避けた方が無難です。プライバシーや防音が守られず大人には辛いです。数千円高くても、清潔でモダンなところを選びましょう。若い時とは違って旅は修行ではないですから。

海外ホテルの「水圧問題」

ホテル水圧問題をもうひとつ。海外では水道事情のせいか水圧が低いところも多いのですが、問題はそれだけではありません。シャワーが天井や壁に固定されていて自由に体じゅうを洗えるハンドシャワーではない場合が結構あります。ニューヨークのミッドタウンにある小洒落たブティックホテルでさえそうでした。

欧米在住の友人に聞いた話だと、彼らのシャワーの概念は、空から降ってくる雨と同じ感覚で、だから天井に固定式のところが多いのだとか。

清潔好きの日本人が小さなホテルに大勢泊まる場合も要注意です。**みんなが日本と同じ感覚で大量にシャワーを使うと、お湯の供給が間に合わず途中で水になってしまうことがあるからです**。次にタンクのお湯が溜まるまで、運が良くても水シャワー。そのような場所ではシャワーを使うタイミングを考えましょう。

スコットランドの小洒落たコテージに泊まった時に、まさにそんな経験をしました。

そこではあまりバスタブにお湯を溜めて使うことはないらしく、バスタブに溜めると、次に使う人がシャワーのお湯がなくなる事態に。他の人がバスタブに浸かったため、私は冬の寒いスコットランドで途中から水シャワーを使う羽目になりました。

そんな経験が何回かあり、海外の小さなホテルでは、シャンプーやボディソープの量をいつもより少なめに使うようにしています。お湯が出ず、泡だらけで呆然としたくないから。海外で思い知る日本の水道事情の優秀さですね。

もし、バスタブにお湯を溜めていてオーバーフロウ、床まで溢れさせてしまったら！もう自分でなんとかしようとせずに、すぐにフロントに連絡です。自分でなんとかしようとして時間がかかり、下の階の部屋まで浸水しては大ごとになります。

海外でかなりきついスケジュールのファッション撮影をしていた時、早朝、スタッフのひとりから私の部屋に電話がありました。お湯を溜めている間にうたた寝をして、バスタブから床に水を溢れさせてしまったというのです。その人が気づいたのは何時間も前でしたが、バスタオルで何回も床を拭いてもどうにもならなくなり、朝になって私の部屋に電話してきたそうです。

部屋に行ってみるとかなりの水がまだ床に。すぐにフロントに電話をしたところ「旅行保険に入っているか」と聞かれ、仕事でしたので「もちろん」と答えると、ものすごい勢いで水を吸い取るバキューム機とモップを携えたホテルの人が来ました。あっという間に床の水はなくなり、旅行保険でカバーできると言われましたが、もしもう少し浸水したままにしておいたら、壁紙や電気系統、下のフロアーの部屋まで被害が及んだ可能性もあるとのことでした。

一日中歩き疲れてゆっくりバスタブに浸かりたい気持ちもわかりますが、疲れている時こそ、お風呂は要注意です。

暑い季節や湿気の多い場所に行く時など、シャワーがホテル選びの重要事項になる場合、私は思い切ってビジネスホテルや大手チェーンホテルを選びます。世界中どこで泊まっても、部屋からロビーまで変わり映えなくその土地の趣に欠けますが、バスルームやシーツなどの清潔さは保証されていますから。ビジネスホテルの水圧最強です。また、ハンドシャワー設置のところも多いです。

水圧が低かったり、エレベーターが極小で、部屋が傾いていたりのローカル宿の趣のある部屋を取るか、どこの国でも同じでつまらないかもしれないけれど快適なビジネスホテル系を選ぶかは、あなた次第。

その時の旅の目的、気分、予算で選んでくださいね。

航空会社のマイレージ会員になるべし

次に飛行機のチケットについてお話しします。

まず、私の場合、国内外を問わず自分が加入しているマイレージのグループから選びます。例えばＡＮＡが加入しているスターアライアンスならユナイテッド航空やルフトハンザ航空、ＪＡＬが加入しているワンワールドならアメリカン航空やキャセイパシフィック航空などがあります。

旅好きな方は、加入しているマイレージのエアライン発行のクレジットカードを常用すると日頃からマイルが貯まりますので、マイルを使いビジネスクラスへのアップグレードを狙えます。家賃などをそのカードで支払うと、国内線エコノミークラスなら1年くらいですぐに無料航空券に換えることができてかなり得です。

たまにしか利用しない、または初めて乗る航空会社でも、私はとりあえずそこのマイレージ会員になります。**マイレージ会員であれば、格安航空券や親と行く団体旅行の時でさえ、エアチケットナンバーがわかれば事前に航空会社のマイレージアプリで席を予約できたり、機内食を選べたりします**（私は乳製品を食べるオボベジタリアンを選ぶことが多いです）。公式サイトやアプリで事前にチケットナンバーを登録しておくと、トラブル防止にも役立ちます。

近頃増えてきたＬＣＣ（格安エアー）。例えばＺＩＰＡＩＲなら、成田から韓国の仁川空港まで、往復4万円かからないくらい。成田からハワイのホノルルも往復10万円くらいで行けてしまいます。

ただし安いだけに注意点もあります。チェックインできる荷物や機内に持ち込む荷物の重さや数に厳しい制限があり、追加料金を取られて高くついてしまうことが。そんな時に荷物が少ない気軽なひとり旅派は有利ですよね。

また、機内食も有料で、事前にアプリから頼んでおかないと、乗ってみたら売り切れで空腹のままファスティングダイエット移動を強いられる……なんてことになります（笑）。

事前に各航空会社のアプリや公式サイトを調べることが大切ですね。国内の場合LCCによっては、機内でできる飲食は水も含めて機内販売のもののみという厳しい規則があるところもありますからご注意を。

もうひとつ、LCCを利用する際に気をつけたいのが空港に行く時間です。メジャーな航空会社とは違って出発ゲートまでが遠く、空港内をバスで移動する場合もあるからです。いつもよりかなり**時間に余裕を持って空港に行き、早めに出発ゲートまで移動しておく**ことをおすすめします。

格安エアー利用の裏技としては、信じられないくらいのお値段でビジネスクラスチケットを買えることがあります。前出のＺＩＰＡＩＲでの成田―仁川路線では、プラス３万円も出せば、フルフラットの広いシートにアップグレードすることができます。

大人ひとり旅には嬉しいですね。

機内持ち込み荷物のコツ

長距離フライトで機内に持ち込む荷物ですが、エコノミークラスとビジネスクラスでは持ち込む量が違います。

至れり尽くせりのビジネスクラス（ＬＣＣビジネス以外）の場合、機内でもらえるアメニティキットの中に、耳栓、歯ブラシ、アイマスク、ボディクリームなどが入っていますし、スリッパももらえます。ですから基本、手ぶら！　食事や飲み物、お酒なども十分用意されているし、ノイズキャンセリングヘッドホンさえ備え付けのところが多いですよね。持ち込むものは、強いて言えば、顔の保湿クリームや着陸前に塗りたい日焼け止め、スマホの充電器などくらいでしょうか。

では、エコノミークラスの機内持ち込み荷物はどうしたらいいのでしょうか？　私は、ビジネスクラスのアメニティを参考に歯ブラシ、機内での乾燥を防ぐボディクリーム、スリッパ、耳栓などを持っていきます。

耳栓は防音だけではなく、離着陸の気圧の変化による頭痛を防ぐのに役に立っています。気圧の変化に弱い私は、離陸時も着陸時もシートベルト着用のアナウンスとともに耳栓を装着します。シートベルト着用のサインが消えた頃、機内の気圧が安定してくるので耳栓を外します。飛行機に乗るたびに耳が痛くなっていましたが、軽減されました。

ビジネスクラスの贅沢な悩み

贅沢な悩みかもしれませんが、ビジネスクラスは食事の際、ワインを選ばなければいけないのが面倒だったりします（笑）。

そんな時はまず、シャンパンかスパークリングワインを頼みます。お願いすればオレンジジュースでシャンパンを割った「ミモザ」を作ってくれることもあります。

そのあとは、まず赤か白かを決めましょう。自分の好きなワインの品種、白でしたら、シャルドネかソーヴィニヨンブラン、赤でしたら、メルローとかステーキに合うシラーなど好きな味のぶどうの種類をＣＡに伝えると簡単です。

昔と違って**お料理ごとにワインを替える必要はなく、肉でも白を飲んでいてもいい**

し、ずっとシャンパンを飲んでいてもいいのです。何しろあなたはお客様なのだし、今は時代が変わったのですから。

飛行機でワイン通ぶるのはもう古い考え方の人間だけです。ただ、ナチュールやビオなど自然派ワインがあったら試してみてもいいですね。

オーバーブッキングの恐怖

空港には少なくとも2時間前に行くようにしています。出発時間は搭乗時間ではなく、飛行機が離陸する時間だということを肝に銘じていてください。いくら搭乗手続きがオンラインになったといっても、機内に荷物を預けたり、保安検査場を通過したりしなければなりません。余裕を持つに越したことはありません。

早めに空港に行った場合、カード会社のラウンジを利用することもできますし、ちょっと割高だけれども、空港のゲートの中のカフェなどでビールやコーヒーを飲んで最後の旅の情緒に浸るのが好きです。

私の知り合いの話ですが、彼女はパリのシャルル・ド・ゴール空港で、出発2時間前ギリギリに空港に行ったところ、エアフランスのオーバーブッキングの犠牲になり、別便に振り替えられた苦い思い出があるそうです（しかも成田への直行便のはずがインチョン経由になったそうです）。

飛行機が遅れる、オーバーブッキングで搭乗できなかった場合など、たいていの場合、航空会社のスタッフに言えば、待ち時間に空港で使えるバウチャーを出してもらえます。それで食事をしたりして時間を潰してくださいね。フライトが翌日になる場合は、その夜に泊まるホテル代も請求できます。**とにかく言った者勝ちです**。

一度、台湾から帰る時に夜の便のＪＡＬが機材故障ですごく遅れて、羽田空港から帰宅する交通手段の最終便に間に合わなかったことがありました。その場合もタクシー代としてすべての乗客に現金が支払われました。

遅延などトラブルがあった時は、ダメもとで航空会社のスタッフに掛け合ってみてください。

ロストバゲージは必ず起こる

避けたくても避けられないのが、ロストバゲージ。フライトのたびに大量のスーツケースを扱う飛行機では、なんと１００回に１回は起きることと聞いたことがあります。つまり50回往復したら1回は当たる。旅好きなあなたなら一度は経験したことがあるはずです。

避けられないなら自分でできる対策を考えるしかありませんよね。**だからこそ手荷物に何を入れるかが重要**になってきます。

私は、下着の替えとスマホの充電器、ソケットのアダプター、使い捨てのコンタクトレンズ、メガネなど1泊するのに最低限のものは手荷物に入れておきます。万が一荷物がホテルに届くのが翌日になってもなんとか乗り切るためです。

荷物が届くのが翌日になってしまう場合、航空会社によっても違いますが、当座の物を購入するために100ドルくらい費用を出してくれる場合もあります。

自分の荷物を見つけてもらうためにも、預けた時の荷物の半券はなくさないように。

また自分の荷物の形状、スーツケースかバックパックか、色、素材は？　大きさは？　などを英語で言えるようにしておくと、見つけてもらいやすくなります。

荷物につけるネームタグには、名前、電話番号、住所、国籍などの他にメールアドレスも書いておきましょう。

AirTagが荷物を救う

みなさん、ＡｉｒＴａｇ（エアタグ）ってご存知ですか？　Ａｐｐｌｅ社が出している追跡装置で、五百円硬貨くらいの大きさで、円盤型の小さなものです。お値段は５０００円くらい。

これが優秀で、手元から離れた荷物が今どこにあるのか、ｉＰｈｏｎｅやパソコンのアプリで追跡できるのです。**スーツケースや荷物に入れておくと、万が一ロストバゲージや紛失した時にも、荷物がどこにあるかわかるのです。**Ｂｌｕｅｔｏｏｔｈでリレー方式につなげて探せる仕組みらしく、世界中どこでも追跡してくれます。

私の友人はロンドンから帰国する際、ＡｉｒＴａｇを入れたスーツケースをロストバゲージされてしまいました。追跡したところ、ロンドンのヒースロー空港にあることが判明。最初しらばっくれていた航空会社のスタッフに「私のＡｉｒＴａｇによると荷物はヒースロー空港にあるはず」と問い詰めたところ、無事に戻ってきたそうです。

私も国内で電車に置き忘れた荷物が、ＡｉｒＴａｇを入れておいたおかげで警察の遺失物センターから無事に手元に戻ってきたことがあります（もちろん遺失物センターの場所もAirTagが教えてくれました）。

電池は1年はもつ仕様で、入れ替えも簡単です。電池の替え時もスマホのアプリで教えてくれます。

ホテルに着いたら「まずWi-Fi」

私はホテルに到着してチェックインをする時に、確かめることがいくつかあります。まず、チェックアウトの時間（日本のホテルの場合、プランによってチェックアウト時間が違う場合がある）。安い宿の場合は門限、または夜間帰宅した場合の入館の仕方などです。

そして、忘れていけないのが、Wi-Fiのパスワード。大概ルームキーや部屋の案内、テレビの初期画面などに書いてあるのですが、なにしろ字が小さい。ローガンズ（老眼）の私には読み取り不可能なことが多いです。

もう部屋に入ってしまったら電話で聞くのも面倒ですし、「私、デジタル苦手なの」と言ってフロントの人に「パスワードを教えて、というかこちらに入力してください」とお願いし、**その場でＷｉ－Ｆｉの接続を確認してしまいます**。部屋ごとのパスワードの場合はメモに大きな字で書いてもらいます。

何しろ今はガイドブックや地図より、インスタグラムの投稿やＧｏｏｇｌｅマップで情報を確認する時代です。海外で、いくら現地ＳＩＭカードを装着していても、ホテルなど安心してＷｉ－Ｆｉがつながるところで下調べできるとパケットの節約になります。

また海外では、チェックインしてから荷物を広げる前にシャワーや洗面台、トイレの水がちゃんと流れるか、部屋の電気は切れていないか、テレビのリモコンはつくかなどチェックします。もし不具合があった場合に部屋を替えてもらうのが簡単になるからです。

日本ではあまりこのような不具合は少ないかもしれませんが、部屋の匂いなど気になる場合があります。こんな時もまだ部屋を使う前なら替えてくれることが多いです。

コンシェルジュが使えてこそ旅の達人

やっていない人が意外に多いのですが、ホテル代はコンシェルジュ代込みと思って、ぜひコンシェルジュを活用しましょう。コンシェルジュがいないホテルの場合も、フロントスタッフが同じように頼りになる存在です。**コンシェルジュが使えてこそ旅の達人**と言えましょう。

まずは観光相談。気ままひとり旅派の私としては、コンシェルジュの方に近所のおいしいレストランの場所を尋ねることが多いです。その際、自分の予算とか地元の料理が食べたいとか、疲れているから中華料理で軽く済ませたいなど、好みを伝えると便利です。お安めレストランは「Casual restaurant please.　カジュアル　レストランプリーズ」という言い方でＯＫ。お高くなく気軽なものは全部「カジュアル」です。人気のレストランなら予約も頼んでしまいます。予約が難しい人気レストランの場合、自分で予約するよりホテルのコンシェルジュを通して予約する方が話は早い。

特にラグジュアリーホテルのコンシェルジュの力はすごく強力です。空港や駅に向かうタクシーやリムジンバスなどの予約もお願いできます。

話す時は英語で！　自信がなければ「Japanese speaker please. ジャパニーズ　スピーカー　プリーズ」も使ってみましょう。スタッフの中には親日家で日本語を話す人がいることも。

ラグジュアリーブランドの店で買い物をしたいけど、いきなり行くと相手にされない場合もありますよね。そんな時も、コンシェルジュ経由だと予約が取れたりします（ホテルもある程度ラグジュアリーな場合に限りますが。そういう時は高いランチ代くらいをチップの目安に）。

私は過去、急に仕事の打ち合わせが入り、どうしても自分で取りに行く時間がなかった際に、サイズ在庫がなくて取り寄せてもらっていた靴や、裾上げを頼んでおいた服を、コンシェルジュにお店に取りに行ってもらったこともありました。

これはちょっと極端な使い方かもしれませんが、「クリーニングに出す服をその日のうちに急いで仕上げてもらえないか?」など、かなりお姫様気分のわがままを聞いてくれるのが一流ホテルのコンシェルジュたちです。

予約が取れないブロードウェイやオペラ、バレエなどもコンシェルジュに頼むと取ってもらえることがあります。彼らには独自のコネクションルートがあるようです。他にも美容院の予約から、具合が悪くなった時の救急車の手配まで、全部やってくれるコンシェルジュは旅の魔法使いですね。

コンシェルジュと同じく、ポーターも使いようです。ロサンゼルスロケに行った時、私と編集者、女二人で撮影用のスーツケースを7つも抱え、空港で途方に暮れた時がありました。

そんな時はポーターの出番です。ひとり旅の場合、そんなに荷物を運ぶことはないかもしれませんが、20ドル札をかざして困った顔をしていたら（これも母から教わった裏技）どこからともなくポーターが現れて、さっと全部運んでくれました。

ポイントは困った顔で「プリーズ」と「サンキュー」です！　また、帰りの空港では、たとえ荷物が少なくてもポーターを頼むと、長い列ではなく特別に早い列に案内されたこともありました。

今は、自動チェックインが増えてスタッフが少なくなったので、この裏技が使える空港は少なくなっていると思いますが、参考までに。

ウルトラ番外編・究極のコンシェルジュ活用法

これはお金持ちの友人に習った超裏技ですが、実は**ラグジュアリーホテルでは、コンシェルジュがパッキングさえも全部やってくれる**ことがあります。

撮影で疲れてドロドロの状態で、大量の荷物を前にどうしようということがありました。そこでコンシェルジュに連絡です。「すごく疲れちゃった。明日朝早くにチェックアウトなんだけど、パッキングどうしようかと」と。10分後にはコンシェルジュがやってきてテキパキとスーツケース5個分の荷物をパッキングしてくれました。

ハワイのロイヤルハワイアンに泊まった時、地元在住の友達が夜遅くに、急に私の部屋に泊まることになりました。その身ひとつで私の部屋に来た彼女は、コンシェルジュに電話をかけて「歯ブラシと歯磨き粉を持ってきて」と頼んでいました。

歯ブラシが備え付けではない海外のホテルです。夜中に歯ブラシを買いに行かず、コンシェルジュにお願いしたのです。もちろんチップを渡していました。

コンシェルジュたちはゲストの困ったことを解決するためにいます。ある程度高いホテルに限りますが、せっかく泊まるのなら、歯ブラシのような小さなことから劇場のチケットまで、とりあえずなんでも気軽にお願いしてみましょう。

Column 2
「何もやらない時間」を楽しむ船旅

クルーズではないのですが、船旅も何回か経験しました。友人4人で4人部屋を取り、船でしか行けない小笠原諸島の父島へ。1泊で小笠原に到着し、清潔で快適な船旅でした。

小笠原の海は素晴らしく美しく、わさびの代わりに辛子を使った島寿司など、島ならではの魅力を堪能しました。ただ、台風など天候によって、東京に帰るための唯一の交通手段であるフェリーが運航しないこともあるし、運航する曜日が決まっていて1便逃すと次は数日後！のこともあるので、滞在中は台風の進路にヒヤヒヤしました。小笠原に旅行を計画する時は日程に余裕を持って、帰ってからすぐの予定を入れない方が安心かと思います。

お金がなかった大学生時代に友人を訪ねて行った沖縄への船旅は、船底のようなところに毛布が点々と置いてあり、そこで雑魚寝！ 日本列島沿いをぐるっと半周していくので2泊ぐらいかかったと思いますが、もう二度と経験したくないような悲惨な船旅でした。お風呂も水が数センチしかないような感じでシャワーもチョロチョロ。まあ若いからなんとか耐えられたのですね。

はっきり言って貧乏節約船旅は大人の女性ひとり旅にはおすすめしません。プライベートがないし、変な人につきまとわれても逃げ場がないからです。ちゃんとプライベートな個室が完備されたフェリーやクルーズ船の旅を楽しみましょう。

船旅の良いところは、移動中ほとんどやることがないので、海を見ているしかないこと。揺れが激しいフェリーなどの場合、ゆっくり読もうと持っていった本でさえ船酔いが怖くて読めなかったりします。ほとんど揺れることはない豪華客船でのクルーズも、ご飯を食べるかプールに行くか、カジノで散財するか以外やることがありません。「何もやらない時間」を楽しむ、日頃のいろんなことをデトックスするために行くのが正しい船旅なのかもしれませんね。

第4章

食を楽しむ

ランチにこそお金をかけよう

大人ひとり旅で一番困るのが食事ではないでしょうか。朝ごはんはどうにかなるとして、せっかく来たのだからたまには素敵なレストランでディナーをと思っても、周りを見渡せばカップルや楽しげな友人グループばかり。

そんな時、私はランチにちょっと贅沢なレストランに行くことにしています。ランチですから夜より客層も服装もカジュアル、しかもメニューも夜よりお値打ちでお得な感じ。**夜よりメニュー数が少ないだけあって料理が出てくるのも速いことが多く、午後の予定にヒヤヒヤしながら食べずに済みます。**

選ぶのもコース（フランス語ではＭｅｎｕ　ムニュ）にすれば、前菜の中からひとつ、メインを魚か肉、ベジタリアンくらいを選べばいいので、オーダーするのが簡単、ストレスが減りますね。

お店の人が「Do you have any allergy?」と聞いてきたら「アレルギーがありますか?」と言うことです。アレルギーは「アルージック」と私には聞こえます。アレルギー物質や苦手なもの（例えばパクチーなど）があったら伝えましょう。その場合「アイドント　ライク　パクチー」と言えば大丈夫。これは、いろいろな場面で使える英語で、「好きではない」と表現するといいです。

日本では席につくと運ばれてくるお水ですが、アメリカやヨーロッパは頼まないとお水はくれません。

無料の水道水は「タップ　ウォーター　プリーズ」（タップ＝蛇口から出てきた水、ビールの場合はサーバーの口から出てくる生ビールがタップビア）、氷入りは「ウィズ　アイス　プリーズ」、氷なしは「ノーアイス　プリーズ」で。

有料のミネラルウォーターの場合、炭酸水は「ウィズ　ガス」または「スパークリング」、炭酸なしは「ノンガス」で、もちろんプリーズをつけて注文してくださいね。

旅先での「おひとりさまワイン」問題ですが、**私は迷わずにそのお店のハウスワインをグラスかデキャンタで頼みます**。ワインリストの中では一番安いですが、「ハウスワイン」という名の通り、そのお店が選んだおすすめのワイン。ランチなどカジュアルな時には特におすすめです。赤か白かだけ選んでくださいね。

ワインがお好きな方へ。プリフィックスメニュー（あらかじめある程度決められたコースメニュー）を選んだ時に、メニューの中に「ペアリングコース」の文字を発見したらぜひオーダーしてみてください。プリフィックスメニューのお料理一品一品に合ったワインをグラスで提供してくれます。

ソムリエがお料理とマッチしたワインを選んでくれるので、自分では選ばないワインに出会え、お料理との新鮮な味のハーモニーに驚くことがあります。ニューヨークの素敵レストランや東京の人気モダンベトナム料理店では、ワインに混じって発泡日本酒まで出てきたこともありました。

ペアリングコースは大体グラスで少なめですが３～４杯出てくることがあるので、お酒が好きで強い方におすすめします。また、レストランによっては、甘くないぶどうジュースやハーブティーカクテルなど、ノンアルコール飲料のペアリングを出してくれるところもあります。おしゃれですよね。

ワインと一緒に同じくらいの量のお水を飲むこともお忘れなく。体内のアルコール濃度を下げて二日酔いを防ぐと言われています。これは日本酒も一緒です。お水は大事ですよ。

「もうおなかいっぱいです」の合図

フリーフロー（飲み放題のこと）のお店や、ワインをボトルでお願いした時。ワイングラスの中の水位が下がった途端にボトルを携えて忍び寄ってくるお給仕の方、でもこちらは「もう飲めません」状態……。そんな時はそっと手のひらを下にしてワイングラスの上にさっとかざします。それが「ワインはもう結構です」の合図です。

お料理が食べきれなかった時はナイフとフォークを揃えて斜め45度、時計の4時50分くらいの角度に置くと、お皿を下げてくれます。

もし、途中でおなかがいっぱいになってしまった時、お皿を見たスタッフから「Are you finish?　アー　ユー　フィニッシュ?」と聞かれたら、「イエス」と答えればいいです。もし丁寧に言いたければ、「Thamk you　サンキュー」の後に「It's good, but I'm full.　イッツ　グッド、バット　アイム　フル」(おいしかったけれどおなかいっぱい)と言えばOKです。

反対に、まだ食べているのに、「アー　ユー　フィニッシュ?」とお皿をあげられそうになったら、「No I'm still working on it.　ノー　アイム　スティル　ワーキングオン　イット」と言いましょう。「まだ私食べているんですけれど」の意味らしいです。

finish
It's good. but I'm full.

疲れた日の夕食はルームサービス

海外のひとり旅の場合、夕食に困ることがあります。私はランチに3000円から5000円くらい奮発して、夜はホテルのバーなどカジュアルなところでビールとハンバーガーなどで軽く済ませたり、近所のデリで何か買ってきて部屋で食事を済ませたりすることが多いです。

ものすごく疲れている時はルームサービスでサラダ1品を取って済ませることもあります。コスパは良くないかもしれませんが何しろ安全でボリュームもあり、味もそんなに失敗はありません。

それでも地元の味を食べたい時は、スーパーのデリコーナーに行きます。**サラダやサンドイッチなどと飲み物を、その日のうちに食べきれる分だけ、欲張らずに買うよ**

うにしています。目移りしていろいろと買い込んだ挙げ句、翌日部屋の冷蔵庫でおいしくなくなるということを何度も経験したからです。

ひとつだけに絞って買ったものがあまりおいしくなくても、それは旅の経験になります。

明らかに「これはお寿司ではないでしょう？」と思われる世界各地のＳＵＳＨＩを買うのも密かな私の趣味です。文化の違いを感じながら「ああ、やはり日本のお寿司はおいしい」と再確認できるからです。

デリを買う時に大事なことをひとつ。世界的にサスティナブルな考えが進んだせいか、海外ではよほどしつこく言わないとスーパーでお箸などはもらえないことが多いです。

呆然としながら、ニューヨークのホテルの部屋で、手でサラダを食べ、指でカップスープを掻き回しながら夕飯にした経験があるのは私です。それ以来、使い捨て割り箸とスプーン、フォークを荷物に入れるようになりました。スプーンとフォークは普段使っているものを台所の引き出しから取って、百均のマイクロファイバーキッチンタオルでクルクル巻いて持っていきます。

別に登山するわけでなければ、グラム単位の重さは関係ないので、わざわざ軽いものを買う必要はなく、スプーンやフォークも普段のものでいいと思います。服と同じです。旅専用のものを買うのはもったいないです。

お寿司屋はお茶とガリで見極める

生まれつき向こう見ずな性格のせいか、ひとりで旅行していて、初めて行く土地でフラッとお寿司屋さんに入ることがあります。

築地育ちの私は、昔は地方のお寿司をかなり舐めていました。「井の中の蛙大海を知らず」とはまさに私のことで、「お寿司は築地が一番」でしょうと。

旅をするようになってから、保冷技術が発達し、なんでも流通するようになった今でも、その土地でしか味わえない魚があるということを思い知ったのです。地方のお寿司のおいしさを知って「新しいお寿司の世界」に開眼しました。

お醤油も、江戸前の薄い色のもの以外に、九州の甘い濃い色のお醤油などがあることも知りました。博多で食べた、分厚く切られたお刺身には濃いお醤油がよく合いました。本当に深いお寿司の世界です。

そんな私が考える**「初めての土地で女ひとりお寿司屋に入る一番のコツ」は、まず地元の人が集う時間や混雑する時間を避ける**こと。開店時間すぐなどまだ混み合う前はお店の人も余裕を持って対応してくれます。

私のオーダーの仕方はまず、お茶とハイボールなど飲み物をオーダー。お茶とガリは、そのお寿司屋さんがおいしいかどうかの判断基準になります。これがおいしいところはたいていお寿司のネタもおいしい！　逆もまた然りです。

予算と度胸があればおまかせコースで注文しますが、大概は握りのセットの真ん中か、下から二番目くらいのお値段のものを注文します。食べてみて、まあこんなものかとか、まああだなと思ったらオーダーはそこまででお会計をします。

セットを食べてみて「おっ、ここはおいしい」と思ったら、その土地のおすすめの旬のネタをいくつかと地酒の日本酒を一合追加で頼みます。旅先のお寿司屋さんでは普段自分では頼まないものが味わえるのも醍醐味です。いつも頼む寿司ネタではなく、その土地でしか食べられないものに出会えるのが、握りセットやおまかせコースです。寿司ネタで、もしアレルギーや苦手なものがあったら、たとえセット物でもオーダーする際にお店の方に伝えましょう。残してしまうより失礼にならないと思います。

お会計の時も「おあいそ」とか親父が粋がって言う言葉より、「ごちそうさまでした」とか「お勘定をお願いします」と言った方がエレガントです。お茶も「あがりください」ではなく普通に「お茶をください」で。通ぶってお寿司屋さん同士で使う隠語を使う必要はないです。

ただ、ちょっと役立つ隠語知識をひとつ。カウンター内で「赤海老、次でヤマ」と言っていたら赤海老が次で最後という意味です。もし赤海老を狙っていたら、素知らぬ顔で「赤海老お願いします」とオーダーしましょう。あくまでも知らないていで、がポイントです。

駅のお蕎麦屋をあなどるなかれ

国内を電車で旅行していて発見したことがあります。駅構内や駅ビルにあるお蕎麦屋さんっておいしい！ということです。

特に地元の方が通勤の前後に利用しているような小さなお店は大概、当たりです。お値段もお安くコスパ良し、何しろ長い間地元の人たちに愛されているお店ですから。朝の開店時間から地元のお酒がいただけちゃう場合もあります。

駅弁に関しては、駅の売店で買うのもいいのですが、**穴場は駅ビルや駅近くのデパ**

ートの食料品売り場。その土地ならではのお弁当に巡り合えますし、地元の方々が日常的に買うものだけあって何よりおいしくお値段も納得。少しだけ早めに駅に行ってチェックする価値はあります。

地酒っておいしい、面白い

20年前のとある時から日本酒の魅力に取り憑かれた私。それまでワインやビールが好きだったのに、急に日本酒のおいしさに目覚めたのです。

ああ、日本に生まれてよかった。特にお寿司や日本食、お刺身と日本酒の相性は最高で、まさにマリアージュ。うっとりしてしまいます。

日本酒の魅力にハマってすぐの時は通好みの日本酒の名前を一生懸命覚えました。「浦霞」とか「十四代」とか「八海山」とか。

でも日本各地を旅行していて、はっと気がついたのです。名が通った有名なお酒もいいけれど、その土地の人が愛する地酒っておいしい、面白い。魚でも野菜でも、その土地で穫れた食べ物にはその土地のお米で造られた日本酒が一番相性がいいと思います。

さらに近頃、日本酒の選び方で、以前と変わったことがあります。**それは、「ジャケ買い」するようになったこと**。つまり日本酒のラベルで選んでしまうのです。

地酒は特に、古典的なものからモダンなものまでさまざま。デザインの発想も自由です。それで、甘口辛口、発泡かどうか、濁りかなどお店の方にアドバイスをいただきながら、自分が好きなラベルデザインのお酒を選ぶと、かなりの確率で当たりと出会えます。ラベルのセンス感性が同じお酒は味的にも好みが合うのですね。

このワザはワインにも使えます。近頃増えてきたナチュールワインやビオワインは小さいワイン蔵で造っているものが多く、種類がたくさんありすぎて、もうどれがおいしいのかなかなか覚えられないし選べません。

そんな時も「ジャケ買い」です。ワインだから「エチケット（ラベル）買い」？

昔は、好きなフランス赤ワインのこの年が当たり年とか一覧表まで持っていてワイン選びにこだわっていたのに、今は事情が違います。フランスやイタリアワインだけでなく、カリフォルニアや南米のチリのワイン、インドのワインまで世界中に流通するようになりました。ワインも「一期一会」の感性で自由に選ぶ時代になったのですね。

ちなみに私がここ数年好きでハマっているのは、オーストラリアのサーファーが造っている「リキッド ロックンロール」というオーガニックの白ワインです。お店で見つけたら必ず頼んでしまいます。

Googleアプリ「現在営業中」で検索しよう

国内外を問わず、レストランやカフェを探す時に必ずやることなのですが、初めての場所ではＧｏｏｇｌｅアプリで「レストラン」とか「カフェ」とか「朝ごはん」とか入れてみます。その時に検索バーの下にある「現在営業中」というボタンをクリックオンにすると、現時間に営業中のお店をセレクトして提示してくれます。この機能は本当に便利で、時差ぼけで早く起きすぎておなかがすいた朝や、夜遅くの時間に夕飯を食べそびれた時など、迷うことなく開いているお店を見つけることができます。

コロナ禍を経て営業時間が変わっていることもあるので、昔買った古いガイドブックの情報はあまりあてにならないことも。また、『地球の歩き方』など愛用していたガイドブックですが、事前に買って、何冊も旅先に持参していたのは昔の話。今では、その最新版が電子書籍で手に入ります。

Ｗｉ－Ｆｉがつながっていれば旅先でもダウンロードできるので、本当に便利な時代になりましたよね。荷物も減ります。

「ブリタ水筒」で脱水知らず

人間、とりあえず水があれば生きていけますよね？　でも水道水を飲むのはちょっとね、という方に朗報です。浄水機能がついた「ブリタ」の水筒、これさえあれば、「水道の水が一応飲めるとされている国」での水問題はほとんど解決します。

私が愛用している「ブリタ ボトル型浄水器 アクティブタイプ」は、水道水を入れるだけでろ過水に。付属の薄い円盤型のカートリッジ1枚で、500㎖のペットボトル300本分を浄水できるらしいです。ボトル本体をスクイーズして使うタイプですが、コップにもなるキャップも付いていて便利。今年、給水機が設置されたスポーツクラブにも持っていって普段からへビロテしています。

お金がセーブできて、荷物も減り、地球に優しいなんて最高ですよね。ホテルの部屋で緊急食のスープやカップうどんを作る時も便利です。

ただ、国際線の場合は液体の機内持ち込みが制限されていることがほとんどなので、保安検査のゲートの前に一度ボトルを空にするのをお忘れなく。ゲートを通過してからでも水はくめますし。

羽田の国際線ターミナルや海外の空港にも、給水機が置いてあるところがたくさんあります。もし給水機がなくても国内なら水道の水を使用すればいいですものね。


ただし、アメリカやヨーロッパ、オーストラリアやニュージーランドあたりなら水道水を飲んでも大丈夫かと思いますが、水道水が衛生的に飲料水として適していない時には、市販のペットボトルや瓶入りの飲料水を飲みましょう。

そういった水質に不安がある地域では外食の際（特にローカルのレストラン）、氷の入った飲み物には注意してください。その氷は普通に水道水で作られていることがあります。おなかが弱い人は、瓶や缶、ペットボトルに入った飲み物や、お茶やコーヒーなど温かい飲み物を頼むといいと思います。

ホテルの洗面台に瓶入りやペットボトルの水が置いてある場合、歯磨きをした後の歯ブラシもそれで洗うことをおすすめします。

アフリカにロケに行った時のこと。マサイマラ国立公園内にあるかなりラグジュアリーなホテル（テントですが）に宿泊した際、スタッフ全員同じものを食べていたのに、私とカメラマンアシスタントの二人だけひどい腹痛になり、ドクターヘリを呼ぶ騒ぎになりました。

幸いすぐに手当てを受けたため一晩で回復しましたが、「私たちだけなぜ？」と話した結果、私たち二人は歯ブラシを水道水で洗ってしまっていたことが判明。医者によると、使用した歯ブラシは食べカスなど菌の栄養がいっぱい！　気温が高いアフリカでは菌が繁殖しやすく、場合によっては水道水を飲むより危険なこともあるとのことでした。

映画『セックス・アンド・ザ・シティ』では、主役のキャリーたち４人でメキシコにバカンス旅行に行きます。４人の中で一番食べ物に気をつけて、アメリカ製のチョコプリンしか口にしていなかったシャーロットが、嬉しい知らせを聞いてシャワーを浴びた時に思わずシャワーの水を口に入れてしまい、その後すごい下痢に襲われるという場面がありました。

海外水問題は、飲料水だけではありません。一瞬の気の緩みで、大事な旅の時間をホテルのトイレで過ごすことになります。皆さんもお気をつけて。

国際線到着日の夜はおむすびで安心

以前、毎年ニューヨークコレクションに行っていた時、よくやっていたワザをご紹介します。

日本を出国する前に空港のコンビニでおむすびを2つぐらい買って、持っていっていました。当時のニューヨーク便は夕方や夜に着くことが多く、ホテルにチェックインしてすぐにメールや招待状を整理しなければならない上に頭は時差ぼけ、とても外にごはんに出かける気にはなれない……。おむすびはそんな時の夕飯にぴったりでした。梅や昆布など具が傷みにくいものを選ぶのがポイントです。

ちなみに、果物や野菜は持ち込めない国が大半なのでお気をつけください。機内におやつとして持ち込んだバナナやりんごも機内で食べ切る、残ったものは潔く機内で捨てる。また、モルディブやモロッコなどイスラム教圏では豚肉は禁制品です。カップラーメンなど思わぬものが入国時の税関で没収されることがあります。「きつねどん兵衛」くらいなら安心かもしれませんね。

Column 3
海外旅行者向けのお得なレイルパス

海外で何か所か列車移動する予定がある場合は、日本にいるうちに海外旅行者向けのレイルパスを探して購入してみましょう。現地で買うよりもお得な場合があります。

意外に交通費が高いイギリスや台湾などでは、本当にお得です（普通に買うと新幹線並みのお値段が、かなり安くなります）。指定席にも使える「豪華版・青春18きっぷ」みたいなものと考えればいいでしょう。入国する前にWebで事前申し込みが必要な場合があったりするのでよく確認を。

乗車前に駅の窓口で切符に交換するなど多少の手間がかかることもありますが、手間をかけても使う価値があるシステムです。事前にネットで調べてみてください。

＜各国のレイルパス例＞

ユーレイルパス

ヨーロッパ各地にある各鉄道に乗り降りすることができる、オールインワンの鉄道チケットで、現在33か国で使えます。

ブリットレイルパス

あらかじめ決められた期間内で決められた回数において、イギリス国内の鉄道に乗り放題になるパスです。

台湾高鉄3日パス

台湾新幹線（台湾高速鉄道）に連続3日間乗り放題になるパスです。台北と高雄の往復だけで元が取れます。台中、台南への旅にも。

コレールパス

韓国最大の鉄道会社ＫＯＲＡＩＬのほぼすべての鉄道が乗り放題になります。２日券から５日券まで旅程に合わせて選べます。

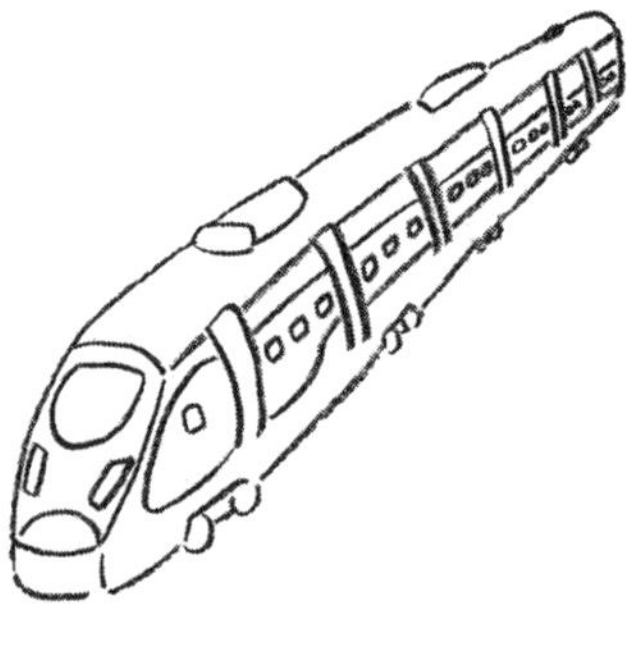

第5章
お金と危機管理

国によって違うクレジットカード・電子マネー事情

コロナ禍直前に台湾に旅行した時、困ったことがありました。現金をあまり持ち歩く習慣がない私。ふらっと立ち寄ったコンビニで台湾の交通系ＩＣカードを買おうとクレジットカードを出したところ、Ｗｉ－Ｆｉのようなマークがあるタッチ式のクレジットカードしか使えませんでした。タッチ式のクレジットカードは自宅に置いてきており、カードをスリットに入れて読みとる磁気式しか持っていなかったため、結局キャッシング機能付きのクレジットカードで2万円分ほどおろして過ごしました。磁気式が使えたのは空港、ホテル、駅の窓口ぐらいだった思い出があります。

また、ロンドンのパブでも磁気式クレジットカードが使えず、ｉＰｈｏｎｅのクイックペイに登録してあったマスターカードでなんとか払ったことがありました。

先日、ロンドンに旅行した友人の話によると、新しくできた空港から市内に移動する「エリザベスライン」や地下鉄、バスなどはチケットを買わなくても、すべてタッチ式のクレジットカードで乗れたそうです。

この方式が採用される国は世界中で増えてくると思います。**タッチ式クレジットカードはこれからの旅行には欠かせないものとなる予感です。**もう、世界は交通系ＩＣカードどころの騒ぎではないですね。スマホにクレジットカードを取り込んでおけば、クイックペイなどタッチ決済で使えることも。くれぐれも顔認証や暗証番号などをしっかり設定して、安全対策もお忘れなく。

日本より電子マネー決済が進んでいる海外、特にアジアは偽札が多く出回ったため、ここまで発達したという説があります。「クレジットカードを持っているから大丈夫」では、もはやないのです。

逆に日本では地方やちょっとした郊外に行くと現金しか使えないところもあります。

私の地元月島でさえ、行きつけの飲み屋さん3軒は現金しか使えません。

事前に調べてもわからないことが多いので、臨機応変に対応できるように、私は次の4つのことを意識しています。

（1）クレジットカードはVISAやマスターカード、JCBなどブランドが違うものを数枚持つ

海外ではカード会社によって受けられるサービスが違います。例えば、ハワイではJCBカード提示でワイキキのホテル街からアラモアナショッピングセンターを結ぶトロリー（私にはチャーリーとしか聞こえない。笑）に無料で乗車できたりしますし、ワイキキにあるWiFiがつながる無料のラウンジが使えるカード会社もあります。渡航前に自分の持っているカード会社の公式サイトをチェックしてみるといいでしょう。

国内旅行でも、ゴールドのクレジットカードを持っているとエコノミークラスでも

無料で利用できるラウンジがあります。頻繁に旅行する方なら年会費を払ってでもゴールドカードを作るのもありかもしれません。旅行保険のついたものを選ぶのも大切です（後述）。

先ほども書きましたが、これからの海外旅行はタッチ式クレジットカードが必須アイテムです。1枚はぜひ作っておきましょう。

（2）キャッシング機能が付いているものは、少額の現金が必要な場合、わざわざ両替に行くより便利

キャッシュレス決済が主流になった今、現金は1万〜2万円くらいあれば事足りますよね。**そんな少額のためにレートがいい両替所を探し回るのは時間の無駄、クレジットカードでキャッシングした方が早いです。**

カードキャッシングの利息が心配な方は、帰国後すぐにキャッシング分を入金すれば利息が少額で済みます。

（3）盗難や紛失に備えて、限度額が低めに設定された、年会費なしのクレジットカードをお守り代わりに数枚持っていく

普段使いの1枚の他に、限度額を10万～20万円など低めに設定したクレジットカードを、宿の荷物セキュリティボックスか下着のケースにでも入れておきます。また持ち物の中に入れるクレジットカードや現金も、バッグとポケットなど分散して持つ癖をつけると安心です。もし、お財布の入った荷物をひったくられても旅を続けられます。

海外ではブラックカード以外は、どんなカードを持っていてもそれが理由で下に見られることは少ないです。年会費がかからないクレジットカードを渡航前に作っておくことをおすすめします。

contactless
credit
card

余談ですが、昔、ニューヨークで夜、クラブやライブハウスに行っていた時、20ドル札を数枚折り畳んでブラの内側に入れていきました。もし何かあってもそのお金でタクシーでホテルまで帰れるからです。男友達は、靴の中に20ドル札を何枚か入れて遊びに行くと言っていました。まあ、そんな危険なところには行かないにしても、**バッグ以外の服のポケットなどに、へそくりを隠す気持ちで5000円くらいの現地のお金を入れておくと安心**です。これは国内旅行でもそうです。

（4）日本円払いより現地通貨払い

海外で買い物をし、クレジットカードで支払う時、日本円払いか現地通貨払いか聞かれることがあります。「ダラー　オア　エン？」的に。その場合、あくまで私の経験ですけれど、現地通貨払いにした方がお得かな？と思います。日本円払いにして後でクレジットカード請求書を見て「あれ？　なんだかうすら高いかも」と後悔しないために。日本円払いにした場合、間に両替手数料が入ることがあるからです。翌日、日本円のレートが急に強くなった！　なんてことは今のところあまりないはずなので、現地通貨払いをおすすめします。

パスポートが盗まれた！　その時……

30代の頃、友人とスペインのバルセロナに旅行した時に、マクドナルドでバッグを盗まれたことがあります。あいにくその日はヨーロッパを横断する列車に乗ってパリへと移動する予定だったので、バッグにはパスポートも入っていました。

すぐに警察に行くと、私と同じようにバッグを盗られた20人以上の観光客で待合室はいっぱい。待つ間に、「床にちょっと置いた隙になくなっていた」とか「私は、ひったくられた」など、みなさん自分の状況を伝え合っていました。

やっと私の番になり、警官から言われた一言目は「とにかくバッグが出てくるとは思わないように」でした。

盗難届書類はすぐに作成してくれたものの、パスポートはマドリードにある日本領事館に行かないと再発行は無理、しかもその日と翌日はスペインの休日に当たるため翌週まで領事館は開かないとのこと。

どうしたらいいのか？と途方に暮れながら警官に相談すると、「日本人だったら、この盗難証明書があれば、列車でパリに行けるから、パリの日本領事館でパスポートを発行してもらった方がいい」と言われたのです。

幸いホテルに預けていたスーツケースの中には、出発時に母から「何かあったら使いなさい、現金は邪魔にならないから」と渡された、10万円分の日本円が入っていました。下着ケースの中に入れていたのです。

そのお金と盗難届の書類を手に、パリ行きの列車に乗車。ドキドキしながら席に座っていると、スペインの国境で検査官が乗ってきました。「スペインでバッグを盗られてパスポートがない。スペインの警察でいただいた盗難届の書類と帰りの日本行きの航空券はあるのだけど」と言うと、「日本人か、それは大変だったね。お気をつけて」

とあっさり検査をパスしてしまいました。

気が抜けたというか、「こんなんでいいのか？　ヨーロッパの国境警備」とも思いましたが、おとなしく検査官にお礼を言い、無事にパリに到着。母からもらった日本円をフランに両替して日本領事館へ行きました。

パスポート発行には時間がかかるとのことでしたが、幸いこれも母の教えでパスポートのコピーを下着ケースに入れておいたため、一時帰国のための書類を出してもらい帰国することができました。

これはかなり昔の話なので、今ではＥＵに加盟していない国同士の場合など、パスポートなしで国境を越えるのは難しい話かもしれませんが、最悪パスポートは現地の日本領事館で申請すれば再発行してもらえますし、帰国するだけなら一時帰国のための書類も数日で出してもらえます。

とにかくお金は分散しておくのがポイントです。パスポートのコピーもね。

ひったくりを追いかけない

先ほどご紹介したエピソードの続きですが、日本領事館の方に「バイクによるひったくりなどで、バッグを離さずに引きずられて大怪我をするケースもあります。怪我がなくてよかったですね」と言われました。もちろん**パスポートは大事ですが、それよりも大事なものは命**だと教えられました。

窃盗団にあったら追いかけない、荷物は諦めるのが安全です。ひったくりに遭って荷物を守ろうとして引きずり回されたり、追っかけて仲間の窃盗団に囲まれたりしたらもう荷物どころではありません。

日本人観光客にも人気のハワイのホノルル・カラカウア大通りでは、バイクや車によるひったくりが多発しています。日本にはあまり入ってこない情報ですが、もうニュースにもならないくらい多発しているのだそうです。

車道側にバッグを持たない、車道寄りを歩かないようにするなどでかなり防ぐことはできますが、もしひったくりに遭ったら深追いせず、すぐに警察に行き被害届と盗難証明書をもらいましょう。その時に、**「盗まれたものは出てこなくてもいいから盗難証明書だけください」**と言うのがポイント。

海外では盗難に遭ったものは、ほぼ１００％出てきません。諦めが肝心です。気持ちを切り替えてクレジットカードやスマホを止めるなどの処置をしましょう。そんな時もパスポートのコピーを持っておけば、当座はＩＤ代わりとなりしのげます。

海外でトラブルに遭うと怖いし、焦りますよね。ハワイなど日本人観光客の多い場所では、警察に日本語を話すスタッフがいる場合もあります。英語に自信がなければ、コンシェルジュの時と同じく「Japanese speaker please.」と、とりあえず言ってみましょう。Ｇｏｏｇｌｅなどスマホのアプリの翻訳機能も活用できます。

帰国後に保険を請求する時に必要になる書類「ドキュメント　フォー　インシュランス」も必ずもらっておきましょう。英語で保険のことを「insurance　インシュランス」と言います。旅行中の場合、旅行保険なので正しくは「Travel insurance　トラベル　インシュランス」なのですが、とりあえずインシュランスでＯＫです。**保険があるとなしでは、どんなトラブルでも対応が違ってきます。**

怪我や病気で病院のお世話になった時にも必要です。もし、急病でＥＲに担ぎ込まれた場合も「アイ　ハブ　インシュランス」と必ず告げること。保険なしの病人は後回しにされることもありますから。

もし、事故などで他人を傷つけてしまった場合にも、対人賠償保険に入っていれば帰国後保険金を請求できるので、保険用の書類をもらっておきましょう。

海外旅行の保険はクレカに付帯

以前、ニューヨークファッションウィーク（ニューヨークのファッションショー）に行っていた時のことです。ショーの後、アフターパーティーと呼ばれるイケイケのクラブで開催されたパーティーに招待されました。

シャンパンでいい気分になっていた私は、知り合いを見つけ「ハーイ！」と挨拶をするため、うっかりｉＰｈｏｎｅをすぐそばのテーブルに置いてしまったのです。ほんの5秒ほどの挨拶を終えテーブルを見るとｉＰｈｏｎｅがない！　消えていたのです。テーブルの下なども探してみましたがありませんでした。

これは紛失ではなく盗難？　すぐに警察に行き盗難届を出し、書類を作成していただきました。帰国後、クレジットカードについている旅行保険に「盗難」の項目もあったことを思い出してカード会社に連絡、ニューヨークの警察でいただいた盗難届の書類があったため、自責分の数千円を引いたｉＰｈｏｎｅ代が無事にカード会社から支払われました。

もし旅先で怪我や病気をした場合も、それを証明する書類「ドキュメント　フォーインシュランス」をもらっておくと補填されます。また、帰国後に病気を発病した場合も数日以内であれば補填されることがあるようなので、一度お持ちのクレジットカードの規約を読んでみることをおすすめします。

スマホの充電器がない時はコンビニかみやげもの店へ

近頃の旅でないと困るものナンバーワン（私の周り調べ。笑）、それはスマホの充電器ではないでしょうか？　必需品の割に忘れがちなうえに、海外ではコンセントの形状や電圧が違います。日本の旅行グッズ店で買って持っていくのもいいのですが、同じ国でもコンセントの形状が何種類もあったりして、持参したものが合わず、ホテルの部屋に着いて青ざめたことが何回もあります。

そんな時は、すかさず近所のみやげもの店か、スーパー、コンビニなどへ走り調達します。今や通信手段はおろか、地図からガイドブック、スケジュールまで全部お任せの「スマホ様」ですから、それくらいは投資してもいいですよね。

プラグの形だけではなく電圧問題もありますよね。実は、ｉＰｈｏｎｅ付属の純正プラグは１００～２００Ｗまで対応しているのをご存じですか？　あの白くて小さい四角いキューブです。キューブの側面にすごく小さくて薄い字で１００～２００Ｗまでと書いてあったら、電圧問題はクリア。差し込み口の変換プラグを使うと世界中で使えます。現地で購入した充電器はもちろん電圧問題もクリアです。

　世界のプラグ問題ですが、事前にその国で使われているプラグの形を調べていたのに、いざホテルにチェックインしたら形が違う、ホテルを移ったらまた別の形など、世界の差し込みプラグ事情はかなり複雑です。事前に日本で、いろいろな形のプラグに変換するトランスフォーマー的な変換プラグを手に入れておくと、どこの国に行っても安心。大概合うプラグの形が見つかり、便利でおすすめです。

　それでも合わなかったら、ホテルのフロントに聞いてみましょう。国内外問わず携帯充電器くらいは借りられることが多いです。

遠くのコンビニよりホテルの高い水

海外だけでなく国内でも、慣れない土地ではどこが何時まで安全かわからないですよね。駅前で昼は多くの人々で賑わっていた商店街が、21時22時にはばったりひとけがなくなり、ネオンも消え急に寂しい通りに変身することもあります。

「私はおばさんだから大丈夫」と油断してはいけません。犯罪者はあなたの体だけではなくお財布やスマホも狙っているのです。

そんな時は無理して外に出ず、ホテルの冷蔵庫や自動販売機のややお高めのビールや水を買うことをおすすめします。海外の場合、食事もです。高く思えるルームサービスですが、サラダやハンバーガーなど1品にすればそんなに経済的打撃は受けずに済みますし、大概の場合、コップに入った氷入りの飲料水もついてきます。冷たいお水代だと思って、運んできてくれたスタッフにチップを渡しましょう。

第6章
おみやげ

おみやげは自分用だけでいい

今はお伊勢参りも海外旅行も、人生で一度だけという時代ではなくなり、地方の名物や海外の珍しいものも物産展や通販で手軽に買えるようになりました。昔あんなにありがたがられていた仙台の銘菓「萩の月」や北海道の「トラピストクッキー」でさえ、東京で簡単に手に入るようになりました。

もう義理でおみやげのお菓子を買う必要はありません。珍しくもなんともありませんし、職場の仲間やご近所さんも糖質制限中かもしれませんから！（笑）

地方の銘菓や海外の珍しいチーズやお菓子などを買うなら、自分が帰宅後2〜3日中に食べる量、ほんの数個だけでいいです。

食品以外の人形や皿、絵画なんかもそうです。人からいただいたものは処分しづらい気持ちになるので、かえって迷惑なことも。旅でどなたかへのおみやげを購入しようと思った時は、ご実家の木彫りの熊、富士山のペナント、謎の木刀などを思い出して一度立ち止まってくださいね。「みやげもの」ならぬ、みうらじゅんさんが言っている「いやげ物」になってしまいます。綺麗な風景の写真をＬＩＮＥで送った方がよっぽど喜ばれます。

食器は1～2個に厳選していいものを

食器好きだった母の影響と、コロナ以前は人がたくさん集まる家だったこともあり、国内外を問わず、私が食器を買う時は最低4個か5個という単位でした。ひどい時には香港のデパートで購入した6人分の満漢全席用の中華模様の食器を、段ボール箱に詰めて船便で送ったことも。中華料理店でも開くつもりだったのでしょうか？　私(笑)。

そんな私も、コロナの時代を経て考えが変わりました。食器を買うとしても本当に好きなものを1、2点だけ。数を絞った分、値段が高いものが買えますし、何しろ帰りの荷物が重くならない！　マグカップの集めすぎも要注意です。

そうやって絞り込んで買った私好みの食器は普段使いでガンガン活躍しています。3人くらいお客様がいらっしゃる時のテーブルセッティングは、2つずつ違う食器を対角にセットすると個性的で素敵です。

服や靴は「今似合う・今欲しい」ことが大事

旅先で必要に迫られて買った予定外の服、これが後々も意外に活躍することがあります。

パリで雨に負けて買ったコートやロサンゼルスでプール用に買ったシルクワンピース、ニューヨークで足が疲れて買った歩きやすいブーツなど。その時に必要に迫られて買った「お買い物目的ではない」服や靴が、長い間活躍し続けることになりました。

夕食後に、酔っ払った勢いでロスのセレクトショップで購入したプール用シルクワンピース。シラフでは到底買わないお値段だったのですが、ブルー系のタイダイグラデーションのデザインで、軽くてコンパクト、すぐに乾いてちょっとセレブ気分に。なんと30年近く経った今も鎌倉の海に行く時などに愛用しています。

パリで思いがけない寒波に見舞われ、泣く泣く大枚をはたいて買ったコートは、帰国後の日本の冬でも大活躍、その後10年近くパリな気持ちでヘビロテしました。

このように旅行先で必要に迫られて買ったものは、本当に好きなもの。限られた予算で絞って買うのでその後も活躍することが多いです。

ポイントは「必要に迫られて」です。パリだからといつもの自分のテイストとあまりにかけ離れたものをファンタジーな気分で「これがあれば東京でもパリな気持ちでいられるかも」と買うと、ほとんど失敗します。どうせならその場でそれに着替えて（靴だったら履き替えて）、旅行の間いい気分で快適に過ごせるくらいのものを買いましょう。

食器と同じで、服を2枚買う予定だったらその予算を1枚にかける！　帰りの荷物もあまり増えずに済みますよ。

ちょっと高くても液体物は空港内のお店で買う

テロ対策で、国際線の飛行機の機内に持ち込める液体（ジャムやヨーグルトなども）の容量が制限されてしまいました。たいてい単品で100㎖くらいまでなので、瓶ものなんて一発アウトです。チェックイン直前に空港内で買って、うっかり手荷物に入れた安くて可愛くておいしそうなオーガニックジャムも、保安検査場の厳しいマダムに発見されて没収されました。さよなら私のレモン&エルダーシロップジャム。

ガッカリしながら搭乗口に向かうと、なんと出発ロビーにあるおみやげもの店に、さっきお別れしたばかりのジャムが売られているではありませんか！　お値段はちょっと高くなっていましたが買っちゃいました。何、このトラップ（罠）？　これを教訓に、機内預け荷物に入れる以外の食品直前買いは気をつけようと思いました。

旅先で調味料を買うのは待って

国内でも海外でも、旅先で出会う料理には毎回新鮮な驚きがありますよね。使われている調味料にも興味津々。普段使ったことのない新しい味との出会いに感激します。そんな調味料をスーパーやコンビニで見つけたらさあ大変！　すぐに手に取りレジに直行したくなります。でも、ちょっと待ってください。これは私の経験なのですが、いざ自宅に持ち帰ると使えるものはかなり少ない。旅先のウキウキ気分でいろいろと買うと大変なことになります。結局、棚の奥にしまい込んだまま、数年後にほこりをかぶった状態で発見……なんてことになるのは残念ですよね。

料理を再現しようと思っても、その土地の食材を揃えるのは大変ですし、何より料

理というのはその土地の気候風土に合った味なので、現地でいただく味と日本でいただく味は違うと思います。

私が忘れられない味に、カラッとした気候のフランス郊外で食べた、豚のソテーにかかっていたタプナードソース（黒オリーブを刻んだソース）があります。帰りに空港の売店で見つけて早速買ってきました。帰宅してすぐに豚をソテーしてタプナードソースを添えてみたのですが何か違う。あんなにおいしいと思ったタプナードソースが重く感じられました。同じ食材でも湿度の高い日本の夏に食べると同じ味に感じないものです。

調味料だけでなくインスタント食品もそうです。例えばタイのスーパーで見つけた「パッタイの素」や沖縄で見つけた「沖縄そばの素」も、今やご近所やＡｍａｚｏｎで買えます。「パッタイの素」はちょっと高級なスーパーで見つけましたし、「沖縄そばの素」は銀座わしたショップで買えます。

邪魔にならない自分へのおみやげ

そんな私が買うおみやげは、帰宅した夜や翌日に食べるものです。疲れて帰って何もする気が起きない時、すぐに食べられるものがあると本当にうれしい。

国内旅行の場合は、食料持ち帰り放題ですよね。駅ビルや空港でご当地の名産品やお弁当を毎回買ってしまいます。「旅もいいけど、やっぱり我が家が一番」と思いながら、持ち帰ったお弁当やおかずでハイボールを一杯やるのが楽しみです。

海外帰りの場合、日本に持ち込めない肉や果物もあるので要注意ですが、パンやチーズなどはOK。乾燥や匂い漏れを防ぐ、ジップロックなど、密封できるジッパー付きのプラスチックバッグが持ち運びに便利なので、必ず手荷物に入れています。

ご当地ジップロックも思わず買ってしまうおみやげです。その土地ならではのデザインなどお国柄が楽しめますし、毎日の生活で消費することができますよ。

Column 4
「予定は未定」の旅がもたらしてくれる出会い

旅をしていてふと思うことがあります。「予定は未定」で行動すると巡り合える、「ご縁のある場所」ってある！

バンドの追っかけをしていて、世界中を旅していた時のこと。ライブ会場で顔を合わせる知り合いは何人かいましたが、各自住んでいる場所も使う交通機関も違うため、ライブハウスにいる時以外は基本ひとり旅でした。

とにかくライブをする場所に行くことだけ決めた旅なので、当然他の時間の予定は未定です。ライブが行われるのはだいたい夜なので、昼や夕方の時間に暇を持て余すことになります。

そんな「暇な時間」に訪れたのが、鳥取県にある出雲大社や、三重県の伊勢神宮でした。失礼な言い方かもしれませんが、それらの有名な神社を訪れる予定は私の人生にはまったくなく、推しのバンドがその土地の小さなライブハウスでライブをしなければきっと一生訪れることはなかった場所です。小学生の時に訪れて以来50年ぶりくらいに行った長野の善光寺もそうでした。もう、「牛に引かれて善光寺参り」ならぬ「推しに惹かれて善光寺参り」です。

神社仏閣だけではありません。イギリスのバーミンガムにバンドの追っかけで行った時、ホテルの人に教えられて、偶然ラファエロ前派美術館を訪ねることになりました。夢見る高校生時代にハマった、ロマンチックなラファエロ前派の美術館が、たまたまライブで訪れたバーミンガム駅のそばにあったのです。大好きな絵画の原画を目にした私の心は、一気にロマンチストだった高校生に戻りました。

もともと訪れる予定がなかった神社仏閣や美術館とご縁ができたのは、ある程度「予定は未定」にしていたから。仕事の旅でも、自由に行く休暇の旅でも、フリーな時間を作ってみてはいかがでしょうか？　宿泊先のコンシェルジュやスタッフにその土地の名所を聞くのがおすすめです。そうすることで生まれる素敵な場所との出会いがあると思います。

皆さんにも素敵な場所との偶然の出会いが訪れますように。

第7章

マナーと豆知識

ところ変わればマナーも変わる

国が変わればマナーや習慣も変わります。私たちが普段何気なくやっていることも、その土地の人たちにとってはタブーなこともあります。いくつか挙げてみますので参考にしてください。

人を指さす

どこの国でもそうですが、人を人さし指で指さすのは失礼な行為に当たります。どうしても「あの人」と指定したい時には、5本指全体を揃えて示すとトラブル回避になります。

左手で物を渡す、食事をする

特にイスラム教圏では気をつけて！　左手はお手洗いの時に、用を足したお尻を水で洗う不浄の手とされているからです。食事は、ナイフやフォークなど自分がカトラリーを使う時はいいのですが、人にお金や物を渡す時は気をつけましょう。

バス、電車、地下鉄など公共交通機関で寝る

日本では地下鉄など公共交通機関の車内で居眠りをしている人を見かけることがありますが、欧米ではご注意を。公共交通機関で寝ている人は、ホームレスか、体の具合が極端に悪い人、ヘタをすると薬物中毒の人に見えるそうです。

子供の頭を撫でる

国によっては、子供の頭は神聖な場所扱いです。お坊さんや聖職者以外の一般人の私たちは、いくら可愛いと思っても子供の頭を撫でないようにしてください。

ハワイなどでベランダに洗濯物を干す

ハワイのホテルの部屋にはラナイと呼ばれるベランダがあります。プールから帰ってきてつい水着やタオルを干したくなってしまいますが、いくら自分の部屋とはいえ外から見えるベランダに洗濯物を干してはいけません。景観を損ねてしまうからです。ヘタをすると罰金を取られることさえあります。ベランダに干したい気持ちをグッとこらえて、洗濯物はバスルームに干すかランドリーの乾燥機で乾かしましょう。

後ろから来た人のためにドアを押さえておく

建物に入る時にドアを開けますよね。後ろから人が来ていたら開けたドアをそのままホールドしてあげましょう。自動ドアが多い日本だとあまり気にしないちょっとだけ親切な動作、海外ではこれができてこそきちんとした人間として扱われます。

観光地は英語でＯＫ

仕事柄、世界中を旅して回って思ったのですが、どの国でも私たち旅行者が立ち寄るような観光地では、ほとんど英語でことが足ります。現地の言葉で覚えるのは「ありがとう」「こんにちは」「必要ありません」くらいです。ちゃんと言おうとするから通じないのです。**簡単な単語で自分の意思を伝えればいいのです。**

撮影で何回もフランスに行きましたが、学生の時に第2外国語で履習していた私のフランス語はほとんど役に立たず、結局使えたのは英語でした。特にここ10年はそうです。

あんなに一生懸命学んだ私のフランス語は古いらしく、セレクトショップのイケメンスタッフに「あなたのフランス語はおばあさんの話すフランス語みたい、英語で話して」と言われショックを受けました。40年くらい前に習った時には「あなたは一生使うことはないから」とほとんど教えてもらえなかった「チュ トワイエ」、いわゆる友達同士で使うようなカジュアルな話し言葉が今は主流となっているようで、もう激しいショックを受けました。

他の国の言葉も普段私たちが使わない音や細かいアクセントなど本当に難しいです。だったら現地の言葉は簡単な挨拶やお礼の言葉くらい覚えて、あとは英語でやり過ごしましょう。

観光地は世界のいろいろな国から観光客がやって来ます。そこで商売するために現地の方も簡単な英語は話せますよ。

私たちが英語を話そうとすると学校で習った文法で長い文を考えがちなのですが、

それが失敗の元。よほど英会話が得意な方以外は**単語中心の「旅の簡単英語」**でいきましょう。少しぐらい間違っていても大丈夫。旅行者なのですから。

旅を助ける英単語3つ

難しい文法は必要ありません。とりあえず自分の希望意思を伝えればいいのです。それにはとにかく「プリーズ」と「サンキュー」そして「ハロー　ハウ　アー　ユー?」、この3つの言葉でたいていは乗り切ることができます。

何か欲しい時には「物の名前＋プリーズ」、欲しいものを指さして「ディスワン　プリーズ」と言えばいいのです。それと数。「ハウ　メニー?」と聞かれますから「ワン　プリーズ」とか「ファイブ　プリーズ」とか、欲しい数の後にプリーズをつけて言うだけです。スーパーの量り売りも「ディスワン　ハーフパイント（125グラム）

プリーズ」と言えば大丈夫。ちなみに1パイントは250グラムくらいです。ひとりでしたらハーフパイントで十分かと。
「プリーズ」は何かをお願いする時にも使えます。「はい、お願いします」も「イエス　プリーズ」。プリーズをつけるとイエスだけよりもかなり丁寧でいい感じになります。

何かしてほしい時も「動詞＋プリーズ」。「クリーンアップ　ルーム　プリーズ」で「部屋を掃除してください」になりますし、駅で切符を買う時も「チケットの数＋チケット　ｆｏｒ　行き先　プリーズ」で買えます。タクシーで行きたい場所を伝える時も「行き先＋プリーズ」「ゴー　トゥ　行き先　プリーズ」。行き先が発音できない場合は、行き先を書いた紙やスマホの画面をドライバーに見せて「This place please.　ディス　プレイス　プリーズ」と言えば大丈夫です。

レストランでメニューを頼む時も「食べたい料理名＋プリーズ」で。レストランのメニューにチキンカチャトラ風ポテト添えなど長々書いてあり、オーダーの時に料理名の長さに震えてしまうことがありますが、シンプルに「チキン　プリーズ」で大丈夫です。オーダー時に、得意げにメニューの名前を全部つらつら言う人もいらっしゃいますが、そんな必要はありません。**チキンとかサラダとかステーキなどメインの食材名にプリーズをつければＯＫ**です。何しろ私たちはお客さまなのですから。

　またステーキを頼んだ時に「How would you like your steak?　ハウ　ウジュ　ライク　ユア　ステーキ？」と聞かれますよね。これはステーキの焼き方を聞かれているのですが、まあ、「ミディアム　レア　プリーズ（普通やや生めで）」と答えておけば間違いないでしょう。よく焼いた肉がお好きな方は「ウェルダン　プリーズ」です。

　ちなみにレストランで使う英語で、ソースやチーズなどをかけてくれる時に「ここまでいいや」となったら、皆さんはなんと言いますか？　私は「ストップ」とか言っていたのですが、地元のネイティブな友達に「いく子、そういう時はフォエン　って言うんだよ」と直されました。私の聞き取り能力では「フォエン」としか聞こえなかったのですが、確かに次からは「フォエン」と言って通じています。

もうひとつ忘れてはいけないのが「Thank you　サンキュー」です。特別なお礼という意味ではなく、何かを買った時、何かをしてもらった時は必ず言うようにしています。もう条件反射で「サンキュー」です。

例えばレストランで料理や飲み物が運ばれてきた時、フロントで部屋の鍵を受け取った時、ドアを開けてくれた時、買い物をして会計を済ませた時など、もう毎回毎回しつこいくらいに「サンキュー」って言ってみましょう。

欧米の考え方で、人が人に何か奉仕をする仕事は、神様の代わりに他の人に奉仕をしているという考え方があるようで、何かしてもらったら本当に条件反射くらいの勢いで皆さん「サンキュー」と言う習慣があるみたいです。

お金持ちの人ほど「サンキュー」を連発している気もします。ホテルやジムのお掃除のスタッフやお料理を運んできてくれた人、店員にまでとにかく「サンキュー」を連発しています。日本には「お客様は神様」という考え方がありますが、欧米では、「サービスしてくれる人が神様（代理）」なのかもしれません。

スマイルと「サンキュー」は0円です。慣れないですがその土地の習慣に従って「サンキュー」と言う癖をつけましょう。言いそびれると「何あの無愛想な人」って思われてしまうかもしれません。時にアメリカではそうしましょう。国によって事情が違うこともあるかもしれませんので、周りのお客さんをよく観察してみて「サンキュー」と言うタイミングを計りましょう。

海外で、お店に入ると「ハロー　ハウアー　ユー　ドゥーイング？」と毎回聞かれますよね。これは単なる挨拶だけではなく、お店に入ってきた客がどんな人間かテストしている気がします。島国の日本とは違い、他の国と地続きで、いろいろな国のいろいろな人種が同じ地域に暮らす欧米では、ちゃんと挨拶ができるかで受け入れたい客かどうか、安全かどうか試しているのかもしれません。シャイな人が多い日本人はつい無視しがちですが、明るく笑顔で挨拶を交わしてみましょう。

私たちが学校で習った「アイム　ファイン　サンキュー」は今はあまり使われていないようです。アメリカ人の友人に確かめたところ「ファイン」は「まあまあだけどなんとかやっている」的なニュアンスで、ファインの代わりに「グッド」を使うことが多いそう。「アイム　グッド！　サンク　ユー、エンジュー？」と、「あなたはどう」と聞き返してくださいね。それでやっとお客扱いされる気がします。

グッドも便利な言葉です。おいしいお料理やワインも「グッド！」、素敵な服やアクセサリーも「グッド！」、ホテルのお部屋も「グッド！」、景色も「グッド！」。

断る時は「ノー　サンキュー」とキッパリと、笑わないで真顔で言いましょう。笑いながらヘラヘラ「ノォ〜〜」とか言うと拒否の意思が伝わらずつけ込まれたりします（特に道端の物売りなど）。般若のお面をかぶったくらいの顔で強く「ノー！」と言いましょう。

目が笑っていたら「ノー」と言っても、もう負けです。ちょっと丁寧な断り方は「No thank you, I'm fine.　ノー　サンキュー　アイム　ファイン」。これは「今、私いい感じだからほっておいてね」という意味です。これは、物売りがしつこい時やナンパされた時にも使えますよ（笑）。

カフェやレストランで「コーヒーのおかわりはいかが」（アメリカのダイナーなどでは、コーヒー1杯頼むとおかわりがずっと無料のことが多いですよね。日本の定食屋のお茶的な?）と聞かれた時に、「今はいらないけれど、あとで欲しくなるかも」と思うことがありますよね。

そんな時は**「メイビー　レイター」**と言いましょう。少ししたら、またコーヒーをすすめてくれるかもしれません。これは便利な言葉で、デパートやセレクトショップの店員が「メイ　アイ　ヘルプ　ユー?（御用はございませんか?）」と聞いてきた時にも使えます。

Thank you
I'm Mary

また、コーヒーや紅茶を頼むと「How would you like your coffee?　ハウ　ウジュー　ライク　ユア　コーヒー？」などと聞かれますよね、あれはブラックでいいのか？　砂糖とミルクはどうしますか？　という意味です。「Black please.」とか「Milk and sugar please.」と好みのコーヒーを答えましょう。

海外のデパートやブティックでは、店員は固定給プラス歩合制のことがあります。サイズを見つけてもらうとか手伝ってもらった場合、店員さんが「アイム　メアリー」とか名乗ることがあります。それはあなたと友達になりたいわけではなく（笑）、**レジで売り上げに貢献したスタッフの名前を告げるため**です。その店員さんの名前を覚えてレジで名前を告げてあげましょう。

もし名前を忘れたら「サムワン　ヘルプス　ミー」と言えばレジの人が「メアリー？」など助け船を出してくれて思い出すこともありますし、多少記憶が怪しくても「オーイエス」とその場を乗り切ることもできます（笑）。

追加で、ちょっと上級編を。物を借りたい時、例えばホテルのフロントのチェックインでボールペンを借りたい時など、「Pen please.」でもいいのですが、「borrow バロウ」を使うといい感じです。「Can I borrow your pen? キャナ アイ バロウ ユア ペン?」と言ってみましょう。

その時だけ借りて後で返すもの、ホテルのプールタオルとか、突然の雨に降られてフロントで傘を借りる時などに使うと便利です。

エレガントなお手洗いの使い方

基本、海外でトイレはホテルやレストランなど綺麗でひとけがあるところで行きましょう。お手洗いは「トイレ」ではなく「バスルーム」か「レストルーム」。慣れないと変に聞こえるかもしれませんが、英語圏の海外ではあまりトイレとは言わないみたいです。大体、トイレってフランス語!(笑)。

「Can I use bathroom?」お手洗いを使わせてください（最後にプリーズをつけても丁寧）
とか
「Where's the rest room?」お手洗いはどこですか？
などと聞くようです。

「バスルームを使わせてください」なんて、私たちの感覚ではかなり違和感がありますが、一般的に「バスルーム」という言葉を使うようです。レストルームでもいいのですが、レストルームの発音に私たちが苦手とする「R」の発音が入るので、簡単に言えるのはバスルームかもしれません。

レストランやカフェで犯罪防止のために、鍵を借りてトイレを使う場合もあります。その場合も、「Can I use bathroom?」で大丈夫。帰りには「サンキュー」とお礼を言ってちゃんと鍵を返してくださいね。もちろん使用した後も鍵をかけてから返してください。ちなみに国内でも、鎌倉八幡宮の中にある大銀杏のカフェもこの方式でした。

鍵を借りないといけないくらい、海外ではお手洗いが安全な場所とは言えないのかもしれません。女性用トイレに犯罪者がひそんでいることも。

荷物も油断できません。**トイレ個室のドアの上にある荷物掛けフックに荷物を掛けるのも危険です**。ドアの上から背の高い泥棒にヒョイと盗られるかもしれません。私は海外では、用を足す時でも荷物は肩から斜め掛けに持つ、リュックなどは前に背負うなどして気をつけています。

あと、大事なことはひとけのない暗いところにひとりでは行かないこと。少し前の話ですが、観光客が多いショッピングモールの裏手にあるトイレで日中、中に潜んでいた人に女性が襲われた例も聞きました。脅しすぎかもしれませんが、「そんなの都市伝説じゃない？」と笑わずに気をつけてくださいね。

余談ですが、私、旅先ではホテルの自分の部屋のトイレ以外は便座からちょっと腰を浮かせてスクワットスタイルで用を済ませます。この頃は海外高級ホテルなどにも備え付けられてきた温水洗浄装置も使いません。自分でノズルをお掃除したことがある人なら思い当たる節があると思います。まあご参考までに。

欧米の高級ホテルのロビーやレストランのトイレでは、トイレに「お手洗いおばさん」がいてびっくりする場合があります。

先ほどのトイレ安全問題もありますが、彼女たちは手を洗っているとさっとペーパータオルを渡してくれたり、私たちが使った後の洗面台をきれいに拭いたりして安全に清潔なトイレを使えるようにしてくれています。感謝の気持ちを込めて「サンキュー」とお礼を言い、チップを渡しましょう。

チップ用のお皿が置いてある時はそこに置いてある金額を参考に、ない時は1ドルか2ドルくらいの価値の現地のコインを渡すとエレガントです。

最後にアジアのトイレでやってはいけないNG行動を。地元の人が行くようなローカルレストランのトイレの個室の中に、手を洗うところではなく便器の横に紙屑がたくさん入った大きなゴミ箱（籠？）を見かけることがあります。

そういったところでは、用を足した後のトイレットペーパーをトイレに流してはいけません。備え付けのゴミ箱に捨てましょう。すごく抵抗がありますが、下水道施設が整っていない場所ではトイレにトイレットペーパーを流すと配管が詰まって大変なことになるからです。

特に清潔好きでトイレットペーパーを多めに使う人は要注意です。大惨事を避けるためにも、水に流したい気持ちをグッとこらえてゴミ箱に捨てましょう。

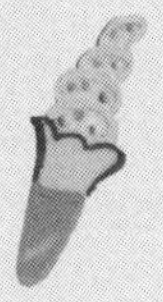

第8章

読者からのQ＆A

ここでは、読者の方から寄せられた質問にお答えします。

Q1

年齢的に、リュックで両手をフリーにして旅したくなりました。おすすめの旅用リュックや服装との合わせ方について教えてほしいです（小洒落たＢＢＡになりたいです）。

（Ａ・Ｓさん）

リュックにも良い点と悪い点があります。両手があくし、ポケットが多くて便利。一方で、背中に背負うので移動時、特に海外の場合に盗難に遭う可能性も出てきます。出しやすいからと外ポケットに大事なものは入れないようにしましょう。

国内旅行２～３泊の場合、私は友人から誕生日プレゼントにいただいた「ＮＩＸＯＮ」を使っています。Ａｍａｚｏｎで見つけてプレゼントしてくれたそうです。背中の部分にパッドが入っていてパソコンやｉＰａｄを持ち歩くのも安心、幅広いストラップも背負いやすいです。なんと蓋のついた上部からだけでなく、横についたジッパーを開ければ横からも荷物を取り出すことができます。海外など長い旅行の時にはパタゴニアのバックパックを使用しています。

服装との合わせ方ですが、もう21世紀のＢＢＡ（ババア）はどんな服でリュックやバックパックを背負ってもＯＫだと思います。私はカーゴパンツなどアクティブな格好の時はもちろん、ニットやシフォンのワンピースの時でも背負ってしまっています。21世紀の今なら許されるミックスコーディネートで素敵ですよ。

リュックやバックパックを買って、ショルダーストラップをそのまま調整せずに使い始めてしまう方、特に私たち世代！　たまに見かけますが、もったいない！　自分の体型とバランスに合わせて調整してください。**重心のかかり方でリュックがすごく軽く感じる**こともありますから。

また、パッキングの時に重いものを下に詰め、軽いものを上に詰めるとバランスよく背負えます。冬の時期の旅の場合、アウターの袖ぐりのボリュームとストラップのバランスに気をつけてストラップを調整してくださいね。

Q2 ひとり旅をより楽しむために持参するアイテムはありますか？（はるさん）

まあ、何はなくともお金ですが（笑）、荷物を極力減らす派の私ですが、1週間以上の海外など長旅の場合、心の友としてパッキングに加えるものがあります。15㎝ほどの小さなクマのぬいぐるみの「ちゅうくん」です。旅先のホテルや公園でちゅうくんの写真を撮って楽しんだりしています。

連泊したホテルでベッドに置き忘れたら、ベッドメーキングの人がちゅうくんをベッドに寝かせてくれていたことがあって、ちょっと幸せな気持ちになったことも。

その他に小ビンのアロマオイル、私の場合はミントかローズマリーを持っていきます。バスタブがある場合、お風呂に数滴垂らしたり、ティッシュペーパーにも数滴垂らしてベッドサイドに置き、アロマディフューザーの代わりにしたりします。自分の好きな香りに包まれると安眠できます。

Q３

観光地で自分が入った写真を撮りたいが、なかなか人に頼みにくい。また行列に並んでいる途中でトイレに行きたくなったらどうしますか？

（おちきりさん）

そうですよね、たまにはセルフィー以外の写真も撮りたいですよね。でもお願いしてそのままスマホ盗難に遭うのは怖い。そんな時、私はレストランやホテルなどのスタッフに頼みます。これなら安全ですよね。

どうしても観光地で撮りたい時は、子供連れの家族にお願いします。１００％安全ではないかもしれませんが、小さい子連れだと持ち逃げされる可能性が低いように思えて（笑）。「Can you take my picture?　キャニュ　テイク　マイ　ピクチャー？（私の写真を撮っていただけますか？）」と笑顔でお願いしましょう。「サンキュー」とお礼を言うのも忘れずに。

美術館やライブ、人気のレストランなどの入場待ちの時に、トイレに行きたくなる時もありますよね。そういう時は並んでいる列の前後の人に「トイレに行きたいから、この場所をとっておいていただけますか？」「I need to go to the bathroom, Can you keep my space?」とでもお願いしてみると、意外と「ＯＫ」とか言って場所をキープしてくれますよ。

多少英語が怪しくても、トイレに行きたい気持ちは万国共通、きっとわかってくれて協力してくれるはずです。戻ってきたら忘れずに「Thank you so much.　サンキュー　ソー　マッチ（どうもありがとうございました）」と言いましょう。

Q4

行き先の選び方、持っていくものの選定基準、おみやげをどうするか、など知りたいです。（カーミットザブロックゆみさん）

行き先の決め方ですが、その国や場所に興味があるかどうか！　それだけです。行きたい美術館で大好きなアーティストの特別展をやっているとか、追っかけしているバンドのどうしても見たいライブがあるとか、日本にはなかなか来てくれないアーティストが出るフェスが海外で開催されるとか、見てみたい植物園があるとか。長い間会っていない幼馴染みが住む海外を訪ねるなど、目的ありきの旅が多いです。牛に引かれて善光寺参りではありませんが、アーティストの追っかけでイギリス縦断したこともありました（P.44参照）。

国内の近場ですと鎌倉。ここは実家が東京、東京以外に住む親戚が少ない私にとって第二の故郷のように月１くらいでリピートしている場所です。

おみやげは無理して買わなくていいです。自分の分もそうですが、職場のおみやげなどもできたらパス。どうしても必要な場合は、空港や駅の売店で小分けにされたお菓子などを適当に買えばいいと思います。あなたが貴重な旅の時間を使って探したとしても、それに見合うだけの感謝の気持ちはなかなか得られないからです。旅はあくまで自分自身のためにするものですから。

Q5

旅に靴を何足くらい持っていきますか？ かさばるのでいつも考えものなんですが、機内でも楽で、しゃれたレストランにも行って、いっぱい歩ける靴というと3足くらいかな？ これから地中海のクルージングも考えています。持っていきやすいドレスも一緒に教えてください。

（Manhattan loveさん）

靴については本文の中でも書いたように、履いていく靴の他にフラットな靴かサンダルの計2足で行けてしまいますが、クルーズなどでしたら華やかなディナーとかパーティー用にヒール4～7㎝くらいの浮かれた感じのサンダルが1足あると、航海が楽しくなるでしょう。ヒールの高さは体力、脚力によって選んでください。色はヌードカラーかシルバー、ゴールドにすると、どんな色のドレスにも合います。

ドレスはシワになりにくいジャージー素材の膝丈かフルレングス。華やかな色やプリント（H&MとかZARAの通販で見つかりますよ）と黒などのベーシックカラーの2枚あれば大丈夫。着席ディナーに活躍する華やかなデザインのトップスも2枚くらいあるといいかもしれません。

ボトムは黒やベージュのワイドパンツで決まりですね。バカンス気分いっぱいのクルーズ旅には、サングラスや大ぶりのアクセサリーも忘れずにね。

Q6

海外旅行の際に、いく子さんは現地でパスポートを持ち歩いていますか？もしくはホテルのセキュリティボックスにしまっておきますか？　持ち歩くとカバンごとひったくりや置き引きに遭うリスクがありますが、提示を求められる時のために持ち歩くべきか、いつも迷います。

（麻希さん）

パスポートは基本、ホテルのセキュリティボックスに預けるか、鍵がかけられるバックパックかスーツケースに入れて、ホテルに置いています。その代わり、免税手続きなどパスポートが必要な場合に備えて、コピーを何枚か持参して1枚を携帯します。コピーだと嫌がられる場合もありますが、ゴネればなんとかなることが多いです。

どうしてもパスポートを持ち歩かなければならない場合は、服の下に斜め掛けできるパスポートサイズのサコシェに入れて持ち歩きます。ちょうどパスポートとスマホが入るサイズのナイロン製のものが、無印良品のトラベルグッズコーナーで見つけられますよ。

Q7

基礎化粧品やファンデーションなど、コスメの持ち歩き方法について教えてください。うまく選べなくて重いポーチを持ち歩いてしまいます。洋服は軽くできても、なかなか化粧品を軽くできません。いく子さんがどのようなものを選んで持ち歩いていらっしゃるか気になります！

（ぱんださん）

メイク用品、私は基本、日焼け止めとクッションファンデーション、アイブロウ、アイライナー、単色のブラウンアイシャドウ（KATEなどのプチプラ）、リップ（チークと兼用できるもの）くらいなので、小さいポーチで収まります。旅は日常生活のデトックスですから、メイクも「これだけ塗っておけば、まあ私の顔なんとか可愛いかな?」くらいのミニマムな基準でいいかと。

基礎化粧品は、短い旅行の場合、無印良品のトラベル用に小分けされた化粧水と美容液で済ませちゃいます。長い旅の場合はそれらに加え、普段使っているクリームを百均の小分けの容器に詰め替えて持っていきます。忙しい旅行中、多少手を抜いてもとりあえず保湿をしておけば帰宅してからリカバリーできます。

美容もメイクも、普段のルーティンワークになってしまっていることが、どこまでミニマムにできるか試してみるのも旅の楽しみです。

Q8

旅に行きたいのですが、足役の主人が亡くなりました。ひとり旅をしたことがないので、交通手段や宿泊プランなどを考えると疲れてしまいます。お友達と行くのとは別にひとりで好きな時に行くことができればいいなぁと思います。

(チーちゃんさん)

私も運転をしないし、足役がいなくなってしまったのでお気持ちはわかります。とりあえず手始めにひとりで国内の近場、例えば、隣の県の温泉地に行ってみたり、国内のパック旅行に参加してみてはいかがでしょうか？　現地で1日や半日のバスツアーに参加してみるのも手です。移動手段やランチの場所など多少自由な感じは減りますが安心です。それで自分の旅のスキルがわかります。

旅に無理は禁物です。気軽に行ける旅から始めてください。海外の場合、私もたまにやるのですが、完全なひとり旅ではなく、現地で友達と待ち合わせて、ディナーとかビーチとかディズニーランドとか（笑）どこか1、2か所だけ一緒に行動するのもいいです。完全に日程が合わなくても一緒に旅を楽しめます。

おわりに　〜「昔はよかった、今も最高」な気持ちで旅を〜

ここまで読み進めていただきありがとうございます。

「はじめに」にも書いたように、旅の仕方は人それぞれです。きちんと下調べをしてパッキングも万全、日常と変わらないように過ごしたい「準備万端派」と、私のように大まかなことだけを決めて荷物も少ない行き当たりばったりの「寅さん派」とに分かれるところだと思います。

どちらも良いところと悪いところがあります。前者は情報や荷物もいろいろ持っていて便利かもしれませんが、その分偶然の出会いは少なくなり荷物も重くなりがち。後者は荷物が軽く気軽に動ける分、不便なことが多くなるかもしれません。

自分の気持ちや体力に合った旅をすればいいし、また年を重ねることで旅の形が変

おわりに

わってもいいと思います。

旅について私の経験したことをいろいろと書いてきましたが、この3〜4年、コロナ禍前から世の中はいろいろなことが激変しました。海外に旅に出ると特に強く感じます。

若い頃、安いと思っていたアジアに経済も文化も追いつき追い抜かれされそうになり、もう「お大尽旅行」は無理に。ちょうど韓国に旅行中の友人から来た連絡によると、コーラが1瓶220円だそう。日本の1・5倍ですね。

今は「安全、安い、おいしい国」として、日本にアジアからのインバウンドが大勢押し寄せるようになりました。

では、私たちが今アジアの国々へ行く意味とはなんでしょうか? それは、「その国を体験しに行くこと」だと私は思います。東京にいても各国のエスニック料理をいただくことはできますが、同じ料理でも現地でいただくのでは味が違うと思ったことはありませんか？　それは、味だけでなく、現地の気候や景色とともに食事を体験しているからなのだと思います。

その土地で見て体験するから感じられることはあります。そろそろ大好きな韓国に、最新の現代美術を「体験」しに出かけたいと思っている私です。

日本にいてはわからないこと、国内でも自分の住んでいるところにいるだけではわからないことを体験して、新しい風習や考え方に出会えるのも旅のメリットだと思います。

ところ変われば風習も常識も変わる。いかに自分が狭い世界、狭い考え方で生きているのか知ることができて面白いです。海外で水圧の低いシャワーに驚きながら、いつも何も考えずに使っている水道、日本の豊かな水源に感謝して使うようになったりします。

時代や経済事情が変わっても、それでも行きたいのが旅の魅力です。時代が変わったら旅の方法を変えればいいのです。変わってしまった世界は変えられないけれど、自分の考え方は変えられます。

「昔はよかった」と過去を懐かしむだけではなく**「昔はよかった、今も最高」**な気持ちで旅を楽しんでくださいね。

Have a safe trip,

Enjoy!

みなさまの安全で素晴らしい旅を祈って。

2023年10月　地曳いく子

地曳いく子（じびき　いくこ）

1959年生まれ。スタイリスト。文化学院専門課程美術科卒業。スタイリングのみならず、バッグや洋服のプロデュースやトークショー、TV、ラジオで幅広く活躍中。『60歳は人生の衣替え』、漫画家・槇村さとるとの共著『ババア上等！』シリーズ（ともに集英社）、『服を買うなら、捨てなさい』、『着かた、生きかた』（ともに宝島社）など著書多数。Instgram@ikukoluv

ブックデザイン　六月
イラスト　糸井みさ
DTP　松崎芳則（ミューズグラフィック）
校正　小出美由規
編集　宮川彩子

大人の旅はどこへでも行ける
50代からの大人ひとり旅

発行日　2023年10月31日　初版第1刷発行

著者　地曳いく子
発行者　小池英彦
発行所　株式会社 扶桑社
〒105-8070　東京都港区芝浦1-1-1
浜松町ビルディング
電話　03-6368-8870（編集）
03-6368-8891（郵便室）
www.fusosha.co.jp
印刷・製本　中央精版印刷株式会社

ISBN978-4-594-09545-1